U0047558

性／愛未來式 一個單身女子的網路情慾探索

FUTURE SEX

A NEW KIND OF FREE LOVE

EMILY WITT 艾蜜莉・薇特 —— 著　陳國禎 —— 譯

目錄

愛情終將指點迷津
EXPECTATIONS

　　我是單身女性，異性戀者；二〇一一年我三十歲，還以為我的情欲生涯一定有個終點，就像單軌電車平行駛入迪士尼樂園的艾波卡特中心（Epcot Center）車站。下車後，跟另一個人結為伴侶，此後相依相偎，直到未來。

　　我從未刻意保持單身。只是真愛難覓，又入水無痕；若非真愛，似乎沒有道理去塑造什麼天長地久。「愛」決定了人類在天地間如何自處。由於愛情往往附隨著人進入生涯計畫，因此，我身邊的人都視之如永恆的救贖：神聖，而且唯一。我的朋友都堅信：總有一天愛情必然找到我們，就像那是老天爺欠我們的，而且無人能倖免。

　　我也曾嚐過愛情滋味，因此頗有自知之明。在愛情中，不論是挑動愛苗或細意呵護，我都使不上力。但我對未來仍有定見，並視為我這異性戀者在性意識方面的預設值，我也視之為宿命，非人力所能左右。這種想像

在我內心維持多年，貴如珠玉，絕不受日常人生種種風暴所影響，深信往後必有結晶昇華的一刻。但我也知道，它不見得降臨每一個人身上。而且，年紀越大我越擔心它找不到我。

就這樣，我也許有來往一兩年的男友，然後單身一兩年。下一個男友出現之前，偶爾跟男性朋友上床。我有好幾個朋友也是這樣，彼此認識多年，怎麼知道後來就相約上床了。此類男歡女愛，開始或結束都有點隨興。一旦崩盤，要不公告天下我很痛苦，要不瘋狂演出短暫的鬧劇。此外，一般而言來來去去堪稱平和。我們像是跳凌波舞遊戲人間，也像枯葉彼此堆疊，等待歸宿出現時響起悠揚的喇叭聲與婚禮的祝福鈴聲。

但用現有詞彙來討論這種種兩性關係卻說不明白。你若還是單身，此類詞彙的定義很清楚。但狀態改變之後呢？這種種關係之間的條理就模糊了。『把到了』（hooking up），暗示我們的邂逅不需要任何承諾。『戀人』（lovers）則太老派；我們跟性伴侶之間，如果不去深究是否『真的只是朋友』，往往就是一般人所謂的朋友而已。我們對這一類事情就叫『約會』（dating），但它用途未免太廣，一夜情是它，交往數年也還是它。我們把約會中的雙方視為『單身』，直到他或她宣稱已有固定往來對象。但『單身』（single）一詞已經喪失其明確意味了：它可以是沒結婚的意思，譬如報稅表上『單身』的定義就

性／愛未來式

是未婚的那種單身，很明確；但未婚者不見得就『單身』，而說不定是『與某人有來往』（in a relationship）。這種『與某人有來往』表明了一種暫定性質的承諾，而我們對這狀態卻無足以表明的單詞。至於「男朋友」、「女朋友」、「伴侶」等等，這類詞彙都暗示擁有了相當的承諾或意向，因此只適用於特定情況。譬如，有個朋友曾說有位『不算是前任』（non-ex）的來往對象，意思是指他們在一起的那一年始終『不算是那種交往的來往』（non-relationship）。

現今，男女之間行為在變，語言卻沒變。我們使用的用詞還是這些，就像我們以為一切如常，講起話來卻覺得脫節，隔靴搔癢。很多人希望找到可以明確稱呼的歸類，一種叫得上來的安排，彷彿那麼一來也舒心些，而非只為了聽起來順耳。有些人想為舊詞賦新意，多數人卻避而不問。我們今天落到這種處境其實是意外，決非有意為之。但不論現代人都做了些什麼，我認識的人裏頭沒聽過誰把它叫做『人生的選擇』；妳要是住紐約、單身、跟自己圈子裏好幾個人都蜻蜓點水上過床，也不會有人依此論斷妳的性愛人格。此外，我覺得我這是暫時狀態，一旦愛情來臨，這狀態就結束。

三十歲那一年我失戀了，很難過，周圍的人都受不了，連我自己都吃不消。過往倒不是沒失戀過，只是原以為很快就能脫離苦海。所以我嘗試了網路約會，卻覺

愛情終將指點迷津

得不容易在陌生人身上萌生性慾；反而是在派對中、地鐵站裏面，偶遇往日頗有好感的男性朋友還比較有機會。那年秋冬的那幾個月，我跟三個男人上過床，跟一兩個男人親過嘴。這數字我覺得還算合理，不過分；而那幾位都是本來就認識好一段時間的。

我比較喜歡面對面交朋友，毋需電腦中介。但偶爾會有男性朋友送來一個意外訊息，而附帶的訊息就像黑色迴聲，存留在我手機裏面。那是一種明知道無法滿足的渴望，卻又沒有明確的目標。我盯著電腦螢幕上漣漪般的省略號，考證式地分析社交網站上的照片。我用了驚嘆號、刻意的大笑、各種表情符號表現我的輕佻，並刻意遲延我的回應。那是一種扮出來的裝腔作勢：真不巧我現在才看到你來訊。我的手機竟被這些乏味且老套的招數綁架，我感到懊惱。我的目標是表現從容而討喜，且出席所有的聖誕派對。

我心目中的假象，自以為滿意的假象，從秋季維持到新年期間。到了三月，樹木仍撐著枯枝，但已漸有暖意，有個男人打電話給我，叫我最好去做一次性病檢測。我跟這男人大概是一個月前上過床，就在情人節前幾天。當時我們在一家小酒吧見面，先是我打電話給他，跟他約了在酒吧碰頭。然後我們穿過空曠的街道，走路到他的公寓住處。當晚我沒留宿在那，之後也沒再跟他聯絡。

他在電話上說：他身上有些怪東西，去檢查了，化驗報告還沒回來，但醫生推測是衣原體疾病（chlamydia）。其實，和他約會那一陣子，他有跟一位住在美國西岸的女人來往，情人節他飛過去見她。如今她大發雷霆，指控他背叛，而他覺得自己像個人渣，不但道德上逾矩、染病，還受責。他接著說，他最近在讀瓊‧蒂蒂安（Joan Didion）所寫的《論自尊自重》（On Self- Respect）。我笑了，那是她最爛的文章。但他表現得很緊張，我還能多說什麼呢？我只說你不是壞人，我們都不是壞人，那天晚上不過就是一夜情，沒什麼複雜的，不值得搞得太過頭。講完電話之後，我躺在沙發上，看著白牆心想，我要不搬家，要不趕快有點改變。

我以為那通電話算是結束了，豈知不久後就接到一封電郵，充滿火藥味，來自西海岸那個女人的閨蜜。閨蜜寫道：「想不到有妳這種人。妳知道他去見其他女人，竟然不當一回事。」她說得沒錯，我的確沒當一回事。我把他「跟別的女人見面」視為我們這一段感情注定早夭的保證，而未視為道德檢測。

她還寫道：「我建議妳最好挑個寒冷的天氣，好好在理性的陽光下仔細檢視妳的所作所為……別再玩啞劇、搞曖昧找刺激了，赤裸裸衡量現實人生的真實後果吧。」

隔天，我去了布魯克林區一家公共衛生診所，坐在

擠滿了人的等候區，聽著女醫生抓住一個睡眼惺忪的現場人士解說戴保險套的步驟。我們等著被叫到自己的號碼，我也在這個冷冽而理性的大白天好好想想，我究竟做了什麼事。不過，我們本來就不應該低估單身者對於人際接觸的渴求；我身邊這些人，難稱完美的紐約朋友，我猜他們或許也為了打破一些因謹慎行為而設下的規則來到這。無論如何，最起碼我認為這房間裏大部分人應該都知道保險套怎麼用。

眾人之間常傳出嘲笑聲，但醫生仍處之泰然。有個少婦問到女性保險套能否「用在後庭」，她一本正經地答道：「不行。」待她訓話完畢，我們也還在等待的時候，牆上的電視螢幕播出公衛短片；一九九〇年代的老片子，角色是些像我這樣不大守規矩的人。片中人物穿的過時牛仔褲讓畫面更形無趣；他們皺著眉頭聽診斷，皺眉頭坦承出軌，皺眉頭對手上的巨型無線電話表示懺悔。看似用佈景搭出來的酒吧，男人相互挑逗，背景還有幾個臨時演員裝模作樣聊天，面前擺著巨型玻璃杯，播著平淡無奇的背景音樂，意圖營造派對氣氛，卻像部始終沒演到真刀實彈的色情片。後來的劇情，像是美國實境節目訪談之間一片血淚懺悔的風格。從我們的座位看去，大家都面朝同一方向，有人等做採樣、有人等抽血，都見證著片中旁白所述的種種後果。（同性戀酒吧裏面有個男人，不僅患有淋病，還有女朋友在家等他。我們就看著他向女友坦承他跟別的男人親熱，而且染上了淋病。）

短片中並未呼籲以有承諾關係的長期伴侶做為成人生活的必要條件；只強調了誠實，未施譴責。顯然，紐約市政府是以務實觀點來處理性議題的。

但聯邦政府想用不同的方式救人。那一通電話之後，我上了 Google 查詢衣原體，被引導到聯邦政府「疾病控制與預防中心」官網。政府建議：衣原體的最佳預防之道是：「避免陰道性交、肛交，或口交；或保持在長期一夫一妻制的伴侶關係中，同時，伴侶接受過測試，並確認未受感染」。此話真是不著邊際，就像兩座懸崖之間沒法搭橋，無法溝通。但此一節制的籲求中畢竟有個務實的提醒：叫大家用保險套。我平常都會使用保險套，這一次卻沒用，落得現在要施打抗生素。去過布魯克林公衛診所之後幾天，檢測報告出來了，說我沒感染衣原體疾病；我跟那個男人都沒感染。

其實我跟聯邦政府宣導的一樣，渴求擁有「保持在長期一夫一妻制的伴侶關係中，而伴侶接受過測試並確認未受感染」。我盼了很久，卻一直等不到。誰知道它究竟來不來？現在的我，是茫茫人海中的滄海一粟，一個與他人有著難以用言語形容的性愛關係的人，這讓我覺得有悖自己的道德觀。此時我只想到：我的未來恐怕就會是這狀態了。

二○一二年四月某個星期一，我在甘迺迪機場排隊，

準備登機飛往舊金山。站在我前面是個有著一頭銀髮的西海岸商人；他的皮膚有種彷彿脫鱗片古銅色光澤，是非常健康的膚色；眼鏡是最新款聚合物的產品，穿深色牛仔褲，他穿回收再製的超塑烯皮鞋，聽說是絕對無臭的；他的刷毛外套極厚，品質極佳，外毛層輕盈不脫落。他像是那種自詡極簡風格，說他買的東西都著眼於工藝高超，設計優美的產品。但他的銀狐牌電腦包卻是一個有著網袋，且銅扣上還鑴有了 GOOGLE 字樣的便宜貨。站在他前面的男人，穿一件「Google doodle」T 恤。而在 Google 字樣中「oo」的位置上，畫著芝麻街的角色：伯特與恩尼。而排在此人前面的旅客正背著 Google 的背包。

　　一直到我離開舊金山之前，Google 始終無所不在且揮之不去；繡在 T 恤胸口的口袋上，畫在美國各城市主題圖案上，印在不銹鋼水壺上，裝飾在刷毛外套上、棒球帽上，獨獨不見於接載 Google 職員前往山景城（Mountain View）園區的私營巴士上。Google 職員在公司園區裏，吃的是點心室供應一盤一盤的青鮮枸杞果乾。像穿了僧袍又加了 Google 斗篷，披 Google 頭巾，戴 Google 主教頭冠，走路有風。我們使用 Google 地圖辨識方向，用 Google 搜尋陌生人，用 Google-chatting 和朋友聊天，我自己一天也使用數次 Google-chatting 和朋友聊天，這一切都讓 Google 商標的意象看起來像是壟斷一切的揶揄。

　　還記得抵達舊金山的第一天，我坐在教會區一家陽

光充沛的咖啡店，喝著卡布奇諾，從櫃檯上拿了《舊金山紀事報》（什麼年代了還有這東西！）來看。頭版新聞說的是校園槍擊案，發生在加州奧克蘭東灣，一所未經正式備案的基督教學院；下半頁是聯邦機構緝拿藥用大麻。附近傳來聊天的聲音，有人說起他在 Google 總部的午餐：「藜麥蔓越莓魚肉飯……」聞言，我做了小抄。但那人接著說出一個字：「運動型性高潮」，而且這個字正是聊天的主題：女性做瑜伽的時候可以有高潮。咖啡師說：這個議題引起大家的關注是件很棒的事情，很多女性都體驗過卻害怕談論。這樣的時代應該讓他過去。

舊金山居民曾有過驚世駭俗的時刻：拒用驅臭劑，拒絕不必要的除毛。有時候走在街上，經過男同志建築工人身邊，或走過按摩棒店鋪，不免想起同志運動人士哈維・米克（Harvey Milk）在此地當選公職（並遭暗殺）；而這裏的澡堂曾經蓬勃發展（如今也沒落了）。我注意到多半時候，舊金山的人似乎愛擦軟膏、植物油膏，或抹鹽巴美膚，全身上下散發著芳香劑的味道，而瓦倫西亞（Valencia）街上都是這種香精店。當教會區人行道閃耀在陽光燦爛的日子時，如果沒有污水管的臭氣來干擾，空氣中常傳來蜜蠟、薰衣草、馬鞭草的香氣。舊金山的美食也是值得讚賞。海斯村區內有人賣分子冰淇淋（liquid-nitrogen ice cream），我眼睜睜看著他們像變魔術一樣、噴射的一陣氣體、像打氣管刺耳的滋滋聲，就變出我的冰淇淋來了。在這奇蹟的時刻，我身邊的世界也在飛快

前進：當媽媽的拿著 Google 行動咖啡杯耐心排隊，談著如何找哺乳期諮商師；網路上，大家的罪惡感和恐懼從談論瑜伽高潮上轉移到攝取過度的糖分與澱粉上。我大學時代一個朋友在網路社交頁面上就說得興高采烈：「天然有機蜂蜜，本地土產的精煉奶油，粟米嘉種子麵包！馴服了我的麩質飢渴！感謝古早穀物奇妙恩典！」

夜晚獨處之時，我沿街漫步，聽得見店面改成的教會傳出西班牙語佈道，以及地底下 BART 灣區捷運的嗡嗡聲。這個城市像是夢幻世界，到處是閃爍的螢幕和懷舊戀物癖的痕跡，情趣商店，核果食物。我在巴士上、街角都聽到內容錯亂的演講，那些偏執狂把古代的陰謀連結到當今科技。我甚至都看到了自己的陰謀論。我在教會區人行道上往下走，才想到，那種閃爍華麗跟我的腮紅很像：「這條人行道就像超級高潮（Super Orgasm）一般。」超級高潮正是我那腮紅的產品名稱。在現代性意識思潮中，我那腮紅竟也能洋洋自得：「他或她都可以使用，請閱讀本品（不含 paraben 化合物）背面標籤。淘汰隨波逐流的生活，讓我們過得隨心所欲。」我跑步到金門公園，見到大型鳥禽盯著毛色光滑的臘腸狗，眼神像在吞口水；而身旁的單車騎士穿著 Google 貼身運動衫，正飛速騎過淺水處。

「自由之愛」的觀念在美國淵源悠長，其中包含了：社群實驗，狂熱的預言家，為此坐牢的異端邪說份子。

此詞曾有下列含義：不是以生育為目的而發生的性行為，婚前性行為，甚至根本不把婚姻考慮在內。它也指涉女性、同性戀者表達性意識的自由，跨種族、跨性別、跨宗教戀愛的自由。在二十世紀，後弗洛伊德理想主義者認為：「自由之愛」將開啟全新的政治格局，甚至可以終結戰爭；而我每次聽到「自由之愛」這四個字，就想起一九六七年，在這個公園聽迷幻搖滾的年輕人。

科幻小說裏面，曾認為自由之愛就是未來。而新世紀應允世人的，包括了：太空探險、絕對有效的避孕措施、機器人妓女、還有，不受禁制的性意識。但「未來」其實早已抵達，同時到來的還有各種自由，都是前所未見，而「自由之愛」當做一種理想的話，其實也過時了。我們也進步到能夠談論女人做瑜伽可以擁有高潮，而現今的種種實相讓當年的嬉皮族群看起來過於天真，科幻小說特別離譜，性意識在婚姻關係之外大肆擴張，產生很多新議題，譬如 HIV 帶原者，生育年齡的期限，愛情夠不夠深刻，都成了前所未見的論據，讓人回頭去寄託傳統的控制手段。即使我認同目前所享有的這些自由，卻也只能視為暫時狀態，我還是期待著單一伴侶關係的未來。單一伴侶關係經歷了前人幾代實驗失敗之後，它在我心中的結構顯得纖弱易碎，就像巴洛克風格的紀念碑毀於炸彈的摧毀而必須重建。我注意到它是我們都習慣的東西，卻沒看出它有多虛假。或許另一種自由已經來到：佇立於空白電腦螢幕上那一閃一閃的游標。

Google 的界面給人友善溫和之感，就像對於它篩選之後的一字一詞都賦予祝福。且 Google 上的每一個字都是平等的，就像我們有平等選擇自己的人生方式。Google 把正常或不正常之間的距離弄模糊了。經由演算法所獲答案，向所有人保證了一件事：大家想法相近，誰都不須為慾望異常而感到孤獨，更何況，沒有哪一種慾望是異常的。在性意識方面，如果我們還有什麼所求的話，大概就是期望愛情終將指點迷津，讓我們尋獲想要的人生。

然而，萬一愛情沒來找我們呢？性自由已經延伸到擁護舊制度者的身上（若否，則只是不願意在朋友之間像個異類）；但我從未為自己尋找過多選擇，所以，當我發現我擁有全然的性自由時，卻不覺得開心。

我決意造訪舊金山的那年春季，是因為我的慾望與現實人生已出現分歧，無法調和。我希望能籌劃不一樣的未來，同時不抵觸我現有的自由。那幾年裏，僅剩舊金山還有個尚未定型的未來；或起碼，它是美國人公認應該屬於自由之愛為信念的族群。這族群想要讓「家庭」與「兩個人構成的性行為基礎」這兩件事脫離關係。他們相信公社文化可以崩壞異性戀傳統的單一伴侶關係；他們旗號鮮明，宣示了自己的抉擇，把自己的行為視為社會運動；他們從新科技看到了機會，盼望能為大眾打

開視野，包括進一步探討性意識。我知道舊金山人重視目標，我的消極，舊金山人的積極，兩者差距就在這目標上。要是人生與概念無法一致而大感挫折，乾脆丟開那概念，你一定好過得多。

我在紐約或美國其他都市，應該都找得到此類社群；我也不會是第一個拿加州當藉口的。但我終究跟自己打出「西岸」和「新聞採訪」這兩張牌，認真衡量有哪些選項。到頭來我知道了：萬一未能充分驗證所有的可能性，我一定極感懊惱。但若是早在三十一、二歲時的我，「未來」要是正如我所想像那樣翩然而至，恐怕我會放棄種種探索，全心迎接相夫教子與單一伴侶關係，在網路上昭告親朋好友普天同慶。我剛開始探索「自由之愛」各種可能性之際，曾心存僥倖，期待著中途獲得命運之神青睞，讓我在各種不確定的當口看到一個匝道可以下交流道，帶我回到那些令人舒坦的白日夢，以及我所熟知的人生定位。

我很不坦率。任何腦袋清楚的都可以質問我：「說好了妳的人生旅程呢？」我想我會把這件事當做笑話和朋友談過吧。

網路約會
INTERNET DATING

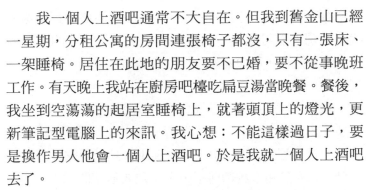

　　我一個人上酒吧通常不大自在。但我到舊金山已經一星期，分租公寓的房間連張椅子都沒，只有一張床、一架睡椅。居住在此地的朋友要不已婚，要不從事晚班工作。有天晚上我站在廚房吧檯吃扁豆湯當晚餐。餐後，我坐到空蕩蕩的起居室睡椅上，就著頭頂上的燈光，更新筆記型電腦上的來訊。我心想：不能這樣過日子，要是換作男人他會一個人上酒吧。於是我就一個人上酒吧去了。

　　我坐酒吧中央的高椅上，點了啤酒，更新手機上的來訊，等著看會不會發生什麼事。好幾架電視螢幕上同步播出籃球賽。酒吧裏面有紅色人造皮火車座、聖誕燈飾，還有個女服務生。這一頭有一對女同志窩在一起講悄悄話。另一頭，大約就是我坐處的轉角方向，有個跟我年紀一般且戴眼鏡的男人，坐著看球賽。酒吧裏面就只有我是單身女子，他是單身男子，我們互相看了一眼。接著我找了個螢幕假裝看球賽，藉此轉移視線。他也轉身了，背向我，往撞球枱上方的螢幕看。此時電視上可

能出現了精彩畫面，因為玩撞球那些人都歡呼起來。

我等著看會不會有人過來搭訕。幾個位子的距離外有兩個男士大笑，其中一人走過來讓我看他們為何發笑，給我看他的手機，指向一則 Facebook 貼文，我讀了貼文，客客氣氣回以微笑，然後男士走回他的位子。我喝掉了啤酒，然後回家。

我讓自己在起居室多待一陣子。睡椅上有一件毛毯，是拿瓦荷印第安風格的圖案。壁爐那有個鑄鐵瓦斯爐。我轉著那些旋鈕棍棒，就是點不了火。這房間的夜間溫度，那種蒼白，都像屍體。也沒有電視可看。

我又打開了手機，點進免費的網路約會服務 OkCupid 更新了來訊（來訊內容是附近有無單身者枯坐酒吧等等）。這個程式名叫 OkCupid Locals，凡是用它發出邀請訊息，都必須用「我們何不……」這幾個字開頭：

「我們何不抽一管大麻，出門去玩。」（附上可愛的表情圖案）
「我們何不吃個早午餐，午餐也行，喝啤酒之類的，共度週六狂歡友誼夜。」
「我 們 何 不 看 電 影，柯 波 拉 的《失 衡 生 活》（*Koyaanisqatsi*），然後去喝一杯？」
「我們何不見個面，挑逗一下？」
「我們何不見面，吃些小點心？」

「我們何不交個朋友，一起探索？」

　　我從來沒在 OkCupid 上主動要求聊天，我只回應。當晚我一直找，終於看到一個帥哥，他寫了一句親切的邀請：「我們何不見面喝一杯？」我看了他的簡介。

　　他是巴西人，而我能說葡萄牙語。他玩鼓，還寫道：「紋身，在我朋友之間，在我家，都是大事。」他標明人在線上，我回應了。然後我出門跟這個陌生人喝了一杯，也親嘴了，一起回到他住的地方。他給我看了他蒐集的各種大麻品種。聊了一些巴西的話題。然後我就回家了，之後就沒再跟他聯繫。

　　第一次接觸網路約會程式，是二〇一一年十一月買了第一支智慧型手機之後不久。當時 Tinder 尚未問世，我的紐約朋友都用 OkCupid，所以我也就登錄了。後來加入了 Match，但我還是喜歡 OkCupid，多半是因為那網站裏面的男人好像一直持續不斷的包圍著我。但在 Match 上，那些方面大耳的金融界人士，平常貼出巴厘島潛水照片、阿斯本島滑水照片，盤踞 Match 版面的那個族群，多半對我視若無睹，太令人傷心了。最低潮的一次，是我看到這個人自我介紹寫道：「我有酒窩，」貼出玩橄欖球的照片，還有在海釣船上赤裸上身，抓著一條三輪車那麼大的鬼頭刀。我送出一個網路眨眼，他卻根本沒回我。

我加入 OkCupid 使用的化名是「太空俯瞰（viewfromspace）」，在簡介欄只寫：「喜歡看大自然紀錄片，愛吃油酥餅。」我回答了網頁上列出的各種問題，足以顯示我對逢場作戲的性行為不感興趣，我要的是個男朋友。我一直放不下前男友，很想快點忘掉他。這網站上很多人都有這種困擾。大家開開心心列出自己喜歡的電影，期待著好事來臨。但在那雀躍的表面下卻是即將沸騰的一鍋黑湯。有些自我介紹看似四平八穩，恐怕背後也深藏日積月累的怨悔。我讀過司湯達爾的《紅與黑》，提醒自己：心碎之後露出的開朗平靜，其中必有詭異。另一方面，我喜歡約會網站上人與人之間不予掩飾的招呼意向；當然語氣上還是有各種微妙層次的差異，從最基本的「妳好可愛」，到令人瞠目結舌的「妳要不要過來抽大麻，然後在我家起居室幫妳拍幾張妳的裸體照？」

我發現，這網站的演算系統把我排進去的區域，跟我一般約會的類型（就社會階層和教育程度而言）一樣，此外，它並不預測我會喜歡誰。不論是網路上，或是真實人生的約會，我似乎容易吸引（統計學上顯得離譜的）高比例素食者，但我不是素食者。

我跟一位作曲家見面，他邀我去茱莉亞音樂學院聽一場約翰·凱吉（John Cage）的音樂會。結束後，我

們在曼哈頓五十七街上逛,想找作曲家巴爾托克(Béla Bartók)半身像,但沒找到;他說起了巴爾托克就死在這附近,死因是血癌。我們聊起大學時期;華萊士·史蒂文斯(Wallace Stevens)的詩;他和我都喜歡托馬斯·品欽(Thomas Pynchon)的小說。我們有諸多相近的愛好,但我卻不想再繼續待下去。我們在曼哈頓中城愛爾蘭小酒吧裏喝啤酒,我能想起五個、十個男人,此時我寧可跟那些個人喝啤酒,喝一整個晚上。但眼下的目標是找男朋友,而我認識那麼多人裏頭竟然沒有一個可以當男朋友的。

我跟他第二次約會,是到曼哈頓東村吃拉麵。但我提早結束了那個夜晚,逃離之際悲嘆著今天時間怎會過那麼慢。過幾天,他邀我去哥倫比亞大學聽音樂會,說是音樂會後去他住處共進晚餐。我答應了,但在最後一分鐘以生病為由取消,還告訴他,我覺得我們已經到了盡頭。

這傷透了他的心。他寫道:我取消約會,浪費了他「很多時間去採買,做菜,他從數日前就開始準備……」

他來訊文字的斷句,幾乎用的都是托馬斯·品欽後現代主義風格的「……」。我向他道歉, 之後就再沒答覆他。而後幾個月,他還是寫了很長的電郵來,講述他的近況,我仍舊沒有回覆。直到最後他將傷感忙亂地填進一個黑洞,而我也被他感染,同為天涯淪落人之感。

後來我跟一個家具工匠在咖啡館碰頭。那天是二月底，陽光充足的午後。但我們抵達咖啡館不久就變天，下雪了，雪花在陽光之間閃爍。咖啡館低於地面層，我們坐的桌子就在窗邊。此時窗外，我們的視線上方，是兩隻吉娃娃被綁在人行道長凳旁。小狗穿了貼身的衣服，還是身不由己發抖，咬住綁繩，隔著窗子看著我們。此時，家具工匠端來咖啡。他用一個啤酒用的厚的大玻璃杯喝茶。

　　他給我看他做的家具照片。他個子高大，手上都老繭，很有男人味，但那一雙藍色眼睛在咖啡館內到處看，心不在焉。談話間發現我們在同一家醫院出生，在賓州亞倫鎮的亞倫鎮醫院，不過我大他七個月。若回到早一點的年代，亦即婚姻須由宗教、家世、鄉鎮來決定的時代，我跟他或許已經生好幾個小孩了。不過，三歲的時候我爸媽就搬家了，跨越半個美國。而他留在亞倫鎮直到成年。如今我們都住布魯克林區的貝德福史泰維森地段，三十歲。他覺得自己很叛逆，與其說他喜歡做木工，倒不如說他恨死坐辦公桌。茶喝完後，他去趟洗手間，再次回到座位上且一言不發穿上他的外套。我起身穿上我的外套。兩人走上台階，迎面而來二月的風。我們互道再見。

　　後來我約了另一個男人，見面後才知道他是髮型師。

當初他傳給我的訊息是：「俯瞰太空小姐，在這給妳領首為禮，躬身致意。」我們約在曼哈頓下城東村的「字母城」（Alphabet City）。但他遲到了，被幾個沒預約就上門的客人抓著他做造型，好讓她們趕去她們的約會。他的頸部兩邊都有刺青：大砍刀交叉的圖案。我問是否有什麼意義，他說沒有，只是年少的愚行，他捲起衣袖，露出了更多的「愚行」。年輕時候在達拉斯，他讓朋友拿他的肉身當畫布練習。他說紋身是「愚行」，但跟「後悔」是不一樣的；他並不後悔，那只不過是從前的他向現在的他比中指。「你以為你真有什麼改變了？」刺青圖案之間，似乎有個十六歲的他在呲牙裂嘴說：「去你的！我還在這兒呢。」

OkCupid 上的自我簡介都很謹慎，字裏行間給我的印象，比起我與一般人認識的頭幾分鐘之內的印象判斷，根本不能相提並論。看樣子，我似乎完全沒興趣跟網路上結識的人發生性行為。若是真實日常生活，逢場作戲都表現得很直接，或許派對裏頭認識了某人，要不我問他，要不他問我要不要約在外面，然後我們就約會一兩次，接著就上床了（即使我們都沒把這當愛情看），而這樣的伴侶關係也「不會有什麼發展」。有時候我們連約會的步驟都省略。我告訴自己：我在 OkCupid 上禁慾，是因為我把網路約會當做「功課」在研究，會抱持一種日常社交中沒有的「嚴肅感」。我必須符合一些「規範」，才能考慮發生性行為。真實情況是，我見到這些男士的

時候，他們大部分都讓我的「規範」派不上用場，生理上毫無動靜。我覺得，對雙方而言這一點都是很清楚的：我們可以交歡，但那多半是順勢為之，而非出於自真心渴欲，如果網路約會令我自認多多少少掌控了自己的人生，那麼，跟一個我並非真正想要的人上床，只會讓我再次頓悟：營造如此的伴侶關係企圖造成事實，根本是白費力氣。性愛，如果是我跟另一人之間能量累積的結果，感覺上的確會好很多。但要是沒感覺而硬要假裝個樣子來，那比一個人孤單回家還倒胃口。

　　而且我越來越覺得，肉體的存在，並非處於次要地位。人的本相，心智上或許難以一一辨識，但肉體卻無法代為遮掩。兩具肉體接觸之際的諸多況味是藏不住的，都迅即表露無遺。約會見面之前必有各種文字語言功力，但那頂多只透露部分的真性情：他是風趣或內向寡言，他有何想法，他是什麼樣的儀態言行。及至肉體接觸了，這一切才水落石出，在這之前的調情都只能視為門面。因此，我只回應對方自我介紹寫得很簡短的。而後我放棄了判別對方的自我介紹，只從文字上來確認這些人會不會拼錯字，或者祈求別遇上狂熱右翼分子。

　　但我還是避免在自己的個人簡介裏提到跟「性」有關的。我也不碰一開始就很露骨的男人。我如此拒斥露骨的性暗示，真正的意涵是：網路約會的網頁就像站在很多人的大房間裏，彼此講的是哪一家餐廳很棒，而根

本沒說到料理好不好吃，不，比那還慘，是一整個房間的人，都很餓，彼此談的卻是天氣；或者像是有人送我西瓜，我拒絕了，卻怪他沒帶傘。在人氣最高的約會社交網站上，訪客可以拒斥性話題，而這權益是結構性的內建，當初就是這樣設計，否則女性訪客不肯上門。

以我們今天所知，約會社交網站的祖師爺是蓋利·克瑞曼（Gary Kremen），來自伊利諾州 斯科基（Skokie）小村。一九九二年，他二十九歲，專業是電腦，跟他很多史丹佛商學院的同窗一樣，在灣區經營程式公司。

小時候的他只是個矮胖粗短的猶太小孩，什麼都格格不入，當時即已立志，此生兩大目標：一是要結婚，二是要賺錢。為了結婚，他赴了很多約會，很快就熟悉於撥打 1-900 電話號碼；不是色情電話那一類的，而是報紙上分類小廣告所列的電話。當時慣例是，讀者給某個小廣告打電話，語音留言，報社每分鐘索費兩塊錢美金。克瑞曼這種錢花了不少；用他自己的話來說，他當時「很有魯蛇味道」。某日下午他在自己的程式公司上班，突然想到：如果他能有個數據庫，裏頭是全世界的單身女性呢？

克瑞曼跟四個男性夥伴合創了一家「電子分類廣告公司」，目標是在網路上重建報紙上的分類廣告，先從人事類開始。他們在舊金山南方公園地區找到一處地下

室，設立了辦公室，並註冊了一個網域名：Match . com。

「浪漫、愛情、性愛、婚姻、伴侶關係」這是早期的宣傳文字，公司簡介上的標題。還有「美國商界早已深知：眾人亟欲獲得有尊嚴，有效的服務，能夠滿足這些最強烈的人類需求。」後來克瑞曼終究順從了投資者的意見，移除了「性愛」一詞。

後來的許多線上約會服務網站，基本文理中都可見到這份早期文獻的痕跡。訂閱者須填寫問卷，表明欲尋求的伴侶關係：「婚姻對象、穩定的約會對象、高爾夫球友，或者旅行伴侶」，同時要附上照片：「這一方客戶可以自行決定以各種活動，各種衣飾，讓對方客戶明確感受其人格特質和體態健康。」營業計畫簡介裏也引用市場預測，說公元二〇〇〇年時，百分之五十的成年人口是單身；到了二〇〇八年，美國成年人有百分之四十八是無婚姻狀態。而此一數字在一九六〇年僅百分之二十八。

該公司又說：「很多人覺得，在網路上說話比面對面自在。」克瑞曼引用了早期網路聊天室和「電子佈告欄」（當時有報紙文章稱之為一九七〇年代單身酒吧的「淨化版」）的經驗，並說，在網路上，大家在擁擠的聊天室裏碰面，往往就另開自己的私密聊天室，於其內進行「網愛」。（這是「電話性愛」的鍵盤版同義詞。）但網路在軍隊、金融界、數學、工程等傳統上排斥女性

的領域最是盛行，而新興的萬維網及其前輩卻給冠上了性別歧視的標籤。一九九三年出版的《虛擬性愛的樂趣》（*The Joy of Cybersex*）手冊就悲嘆道：「這個互動的美麗新世界，仍舊是白人男性至上的俱樂部，非常地不合時宜。」

　　克瑞曼知道，異性戀約會網站要順利經營，須是男女客戶數目大致相近。他聘來一個市場團隊，由當年史丹佛女同學弗蘭‧麥兒（Fran Maier）掛帥。麥兒研究得知，網站若是強調傳統的約會規矩，並把性方面的題目列為次要，則女性比較願意來訪。麥兒說，如果把網路聊天室比擬線上單身酒吧，那麼 Match 就像「情調高雅的餐廳，或是身份尊貴的俱樂部」。該公司禁止性意味太露骨的內容或照片，並修訂了問卷，增列關於生孩子和宗教方面的問題，藉以強調一點：在 Match 上，或許終將有各種可能性；這個網站希望讓人覺得還是有機會尋求長遠伴侶關係。該公司也出版了關於照顧女伴的儀節舉止。譬如，有個專欄文字就談到如何使用表情符號來「電子調情」，並倡導安全預防措施，建議女性把約會地點安排在公共場所，不要把地址給陌生人，也禁止提到自己的生理作息，避免該網站看起來只能吸引不顧死活什麼都幹得出來的那種人。該公司也把界面設定為素淨的白色背景，用了心形商標圖案。這一切都是為了女性而做的；反正招來男性客戶從來不是問題。

Match 為自己的網站設定了型版，與萬維網同步成長。數據庫增大之時，設計就越來越特定，為族群和宗教量身定做。接著，配對技術與演算系統時代來臨，進入網路約會免費服務，最後是手機世代來臨。不論公司戰術是什麼，若要吸引數目相當的男女客戶，每一次約會科技的進步都要能保證女性加入之際不必有任何性意味的宣示。任何約會網站或約會程式，越是宣揚傳統陽剛慾望的異性戀旗號，（譬如很多蕾絲內衣的女人照片，或是很露骨，有關逢場作戲的暗示）女人就越是不願意加入。當年駭客從 Ashley Madison 網站（關鍵句是：「人生苦短，來場豔遇吧。」）偷竊了客戶資料，發現客戶使用記錄只有百分之十四是女性，僅及該網站創辦人所宣稱的半數。就這數字而言，數以千計的客戶自我簡介頁面恐怕只是程式內建的女性「機器人」，自動發送訊息給男性客戶。

但我也是在網路約會這行業裏首次見識了一個頗符合大家期待的市場推廣概念，叫做「這是個乾淨而明亮的空間」。此語完全脫離了海明威原句的意涵，這是他一篇小說的標題，故事背景是西班牙一處酒吧。如今，商界人士談起建立「令女性賓至如歸的情色環境」，就常用上這句話；整理、照亮一個空間的意思，通常就是清除猥褻或露骨的性意味圖像。

「一個乾淨而明亮的空間」這句話，便是舊金山女

性主義情趣用品店先鋒 Good Vibrations 的格言。在店裏，按摩器、假陽具和其他充滿色情意味的商品均隔離擺設，就像光滑的極簡工藝品擺在柱腳。這樣的主張，起先只是為了有助於性意識的健康復甦，像鐫上警句的辟邪物，對抗世人腦海裏那些旁門左道的陰影：一九七〇年代的電影院、溫泉浴、單身酒吧，以及猛嗑安眠酮的色情片女星。但在我們這個年代就變成：不請自來的陽具照片，或是「在妳家附近認識猛男，他想立刻上妳！」之類的網路文字。在網路約會而言，乾淨而明亮的空間意思是：一個不涉及性話題的環境，但妳可以在這環境裏找到未來的性生活對象。有些女性會覺得，即便只承認（不論什麼動機）登入了 OkCupid 網站都難以啟齒，更不必說懷有那麼一點綺念。因此，「乾淨而明亮的空間」對約會網站很有好處，讓人覺得可以止痛，有緩和作用，而又那麼溫柔。山姆・雅亘（Sam Yagan）是當年 OkCupid 共同創辦人之一。他告訴我，讓訪客免費登入有個意外收穫，就是讓女人告訴自己「我其實不是想找男人」，「她們可以說『嘿，我在 OkCupid 上找到一個男朋友，可我根本沒去登記約會網站當會員喔。』行呀，妳說的沒錯呢。」雅亘說這話的時候一邊翻白眼，「說真的，我們接到的，來自女性配對成功的電郵答覆，大約三分之一會附帶聲明說是當初登入『並不是為了網路約會』。」而且，配對成功的意思，就是愛情成功嘛，還會是別的意思嗎。OkCupid 另一位創辦人克里斯欽・拉德（Christian Rudder）說：異性戀女性訪客，明確宣示登入這個網站是

為了魚水之歡的比例極低，僅百分之〇‧八。但在異性戀男士族群裏，這比例卻有百分之六‧一；同性戀男子之間是百分之六‧九；同性戀女性之間是百分之七。

這樣的營業方針，不同於排斥女性的網站。就說 Manhunt 網站好了，從電話聊天線路，在二〇〇一年轉型為網站，並在同性戀男子心目中成為早期最能廣泛符合期待的網站。其幾位共同創辦人很快就明白了：在一個男人想認識男人的世界裏，此人做哪個行業或上過哪個學校，都是次要。性魅力和語意明確的互動才是主菜。

Manhunt 共同創辦人約拿遜‧庫拉茨歷（Jonathan Crutchley）在二〇〇七年一次訪談中說：「異性戀者經營的網站就是無法吸引同性戀者。要是你填他們的表格，就是想結婚的女人問男人：『你賺多少錢呢』，『想不想要小孩呢』，都是些很可笑的問題。同性戀男人根本不在乎你收入多少，也不在乎要不要小孩，他們只想知道你生理上的特質，想看你的照片，想知道你要的是什麼。」他說，他們的客戶倒不是不想尋求長期伴侶關係或家庭生活，其實他們大部分很想要。兩種途徑的差別，在於衡量程序的先後。在很多男性看來，性愛自有其內在的能量與性靈，也涉及生理條件上的吸引，獨立於各種考慮（要不要跟他同居、是否兩男共同領養小孩、我們有沒有這種能力，等等）之外。不過，性魅力並非神秘的化學意外，而是可以研究分析，可以用語言描述的。

性慾不是難以言喻的想像，是可以說得清楚的。但另一方面，像我這種人就覺得，如果我喜歡跟著某位男士去博物館，我對他的慾望也會隨之而來，用不著其他人提點。

二〇〇九年三月，有個「社會探索」app 程式，名叫 Grindr，邀請男性客戶登入：「免費找到你家附近的同性戀者、雙性戀者，有趣的男人！」程式下載到手機之後，會提供格網化的客戶群，根據所在地域鄰近性而編組。使用者的個人簡介可謂五花八門，可能是不見人頭的身體卻附帶了綽號，或者是微笑且衣著完整的圖像附帶真名。這一部分禁止全裸圖像，是為了遵行 app 程式商家的規範，但使用者彼此在網路聊上了就可以自行交換更多照片。Grindr 創辦人是紐約人喬爾・西恩克亥（Joel Simkhai），三十二歲。他說，這程式的用意，其實更像是去接觸社會裏的一個族群或社區，非僅是為了找人上床；他發明這程式，是想知道附近有哪些同性戀者，同時，百分之六十七訪客說是通過這個程式交朋友。話說回來，它的取名是 Grindr（近似「研磨器」的發音），而《紐約時報》老是把它稱之為「勾搭程式」。這裏頭的道理，我猜是這樣：對話如果用「你想不想讓人把？」開頭，則結局應該是通往一場無以名之的性行為接觸。如果對話是這樣開頭：「嗨，美女，週末一起過吧？」多半會導向兩支吸管共享一杯美味飲料，最後出現訂婚戒指。我想，我們一向就是這樣的思路吧。

在 Grindr 幫手機多找出一種新用途之前，網路約會其實已見證了技術進化的成就，卻沒能拆解羅曼史進程中的種種迷思。OkCupid 其實只是另一種邀請他人出來約會的途徑。Grindr 則是提出一種可能性：我們可以見到了某人所在區域的照片，然後很快的跟鄰居上床。這引出一個問題：可以這樣做嗎？我的答案是不行，很明顯就是不行。我只看到伴隨而來的負面影響：性暴力和性病。不過我還是很欣賞這種巧思：手機發射訊號到高空繞行地球的衛星，幫你找到近在咫尺的其他人；或許城市裏的陌生人會覺得孤獨人生的藩籬降低了些。我知道我不敢憑藉這樣的遠景有所作為，但我還是期待新科技能為我所用。渴望它來臨的也不只我一個。網路上不少文字猜測：世人或許即將迎來「異性戀者的 Grindr」或是「蕾絲邊的 Grindr」，字裏行間流露著嚮往。而且，即使為「勾搭文化」發愁的人，也寄望於內建 GPS 定位系統的行動裝置終將有助於女人的性解放，像是科技可以讓我們擺脫所有的恐懼和陳腔濫調。我們因「浪漫情懷的衰頹」而驚愕，正好暴露了一種膚淺的樂觀，以為往後的社會，每一個人，到了星期五晚上，只要啟動手機上的程式，情慾就有了歸宿。即使因此招致羞辱，也帶有理想主義色彩，因為我們的信念是：科技終將改變一切。

二〇一一年，喬爾・西恩克亥又向世人介紹了一個 app 程式：Blendr。但成果不彰，遠遠比不上他早前那個

「男找男」的 app。一旦讓所有人都進入了這樣的網絡，就失去了原有的作用；原意是藉由這樣的一個 app 找到彼此和諧的族群。糟糕的是，Blendr 使用者聊天的時候，常有男人主動奉上陽具照片，嚇得女人紛紛刪除 app。

一年後，新來了一個 app：Tinder。是一般性質的約會程式，很多方面模仿 Grindr 的界面。頁面上可以見到使用者鄰近區域的其他客戶，但只顯示名稱、年齡，外加一行文字訊息。你可以依個人好惡，分別把他們移向左邊（「這個不要」），或右邊（「這個可以考慮」）。這等於是為異性戀者開設的 Grindr；但它得以在異性戀者之間鴻圖大展，得歸功於把 Grindr 改變為「乾淨明亮的空間」：使用不至於令人不快的圖像設計，生動的動畫，愉悅的來訊語氣，並以驚嘆號強調。客戶的帳號都跟 Facebook 綁在一起，所以你知道對方是「真人」；彼此間不准交換照片，以降低風險（譬如突然出現噁心圖像）；雙方只能在都把對方移向右邊，達成「速配」的條件下，才能有訊息交流。Tinder 的幾位創辦人稱之為「雙向選擇」，但不願意給拿來跟 Grindr 做比較，並否認這 app 的作用是幫訪客安排逢場作戲。創辦人之一西恩·瑞德（Sean Rad）說：「女性思維不是這麼回事。」並稱，已婚人士亦可藉此網站找人打網球。

我認為，異性戀女人，同性戀男人，這兩種族群的人生並無顯著差異；兩個族群都各有其所謂正確言行舉

止的種種說法，不同的是他或她們願意以何種方式陳述自己。Grindr介紹了一種方式，而Tinder根據對方族群所認定的儀節規範予以調整。兩種裝模作樣，兩種作法，其實一樣平淡乏味；螢幕背景一個是黑的，一個是白的；照片上一個是某部位肢體，一個是驚險刺激的動態。兩套象徵符碼兩套作法，結果都一樣，終於讓兩個人同處一室，卻再無法給予其他指引。

我當然知道，很多朋友藉由網路墜入情網。她們藉科技之便找到一條明確而合理的途徑，從單身進入伴侶關係，而不至於誤入其他可能性。但我對一直沒找到愛情的人更有同病相憐之感，尤其有一種人，似乎被網路約會文化的後座力弄得暈頭轉向，卻還是被世人排除於我們這講究維繫現狀的單一文化之外，而這種氛圍給不出個名稱，也說不清楚。有些人，好幾年在家族節慶聚會中從來沒帶伴，有些人單身參加婚禮，他們知道自己所屬的族群與人類史發展有衝突，他們所屬的族群人口今天越來越清楚，但仍欠缺群體意識，更別說宣示自己的性意識了。

這些科技不僅展現了相當程度的自由，也讓人看到其他可能性，更反映了其實我們所求並不多。理論上我大可隨心所欲：穿修女服裝，讓打扮像教宗的男人打屁股，且不觸犯任何法律；我可以在電腦上看色情片，同時用電動假陽具自慰；我可以聯絡網路上的陌生人，叫他在

某大廈北面出口見面，還得帶上三個有迪士尼卡通角色圖案的氣球，我才會現身，他能完成所有要求，我就跟他回他的住處，上他的床。我可以做這一切且不必擔心遭到羞辱，不會被關進監牢，也不至於當眾遭人丟石頭。

但這些事我都沒做。我的膽怯，不僅跟「性安全」有關（尤其，這種方便大部分是假象，在難以預期的暴戾世界中容易給予女人錯誤的掌控感）。我避開性行為還涉及一個心結：一種對等關係、交換關係，我必須圍繞這個等號來組織我的思維。我把性愛視為槓桿，用於調節自我小世界的氣候。同時這之中有個負向關聯：一邊是我曾交歡過的男性數目，另一邊是找到愛情的機率；前者多，後者就低。性行為方面的謹慎，代表我在找「認真看待的對象」；而跟很多人上床，就表示我更看重眼前的綺思媚想，多過尋求常年累月經營的承擔，及超凡脫俗且更高層次的承諾。我視亂交為青年文化，並把長期單一伴侶關係視為成年人的行為，而漫漫多年來我仍舊有規律地與他人逢場作戲，想來真可悲，而我自己竟然看不出這關聯之間的任性與錯亂。

雖然我覺得找到心上人是遲早的事，但我還是大量閱讀了各種論述，想搞清楚為何至今仍是單身。我讀過的書，看過的雜誌，對於女性的抑鬱不安都有持續而詳細的調查。全美各地都有女性百思不解，她們小時候想像過的成年人生涯，還有，這種虛幻感，是要歸咎於物

質改變，還是個人的缺點與不足？老派理論認為女性或許運氣不佳，還沒碰到「真命天子」，這種講法已經沒人要聽了。最近的書則要求單身女性「定下來」或「將就」，嫁給不完美的追求者，或乾脆接受現實：「他對妳就是還沒那麼死心塌地」。這類文字甚至建議女性調整行為，要她跟隨「規範」，多練習如何表現愛慕之意，因為「男人喜歡騷狐狸」。另有一派看法則一再向女性斷言，說不應該歸咎女人；她的困境是網路害的：色情網站鼓勵了一種沒有愛情、具有侵略意味的性意識，要不就是榨乾了男人的性主導雄風，要不就是網路約會形成「市場」，製造了大量人肉消費品，琳瑯滿目叫人招架不住。此外，另有山寨社會觀察家解釋：目前是壞年頭，普遍充斥困惑，而成因是「後女性主義時代」性別角色不明確。這種論調或許有幾分道理，或多或少道破了現在的局勢，但還是沒能指向一個出口。

這些論調反而是把所謂「今日女性」的人生壓縮成一種唯一的、不快樂的陳述。首先是說科技在高中校園裏造成的破壞，接著是十幾歲女孩子如何習慣被人射精在臉上，做慣了（為了穿比基尼）巴西式除毛術，或是口交變成了新時代的親嘴，以及女孩子為了廣結善緣，用社交網站傳送裸胸照片給男孩子。然後，女孩子上了大學，原先以為跟男同學上床就是承諾了單一伴侶關係，結果卻是失望的，所以只能調整戰略：「盡量別被黏住了」。她一路尋求性愛，忽略尋覓愛情的本意，所以愛

情始終沒來。畢業後到紐約、達拉斯、芝加哥等地求發展，卻發現，當今都會男人的燭光晚餐是「各付各的」，而羅曼史只是凌晨兩點鐘爛醉之際手機上大量噴發的即時訊息；當今男人，要不是無精打彩，就是半吊子、淺薄；女人則是在健身房訓練出優美線條，令人咋舌的事業成就。她此時困惑至極，還是常聽到有人叫她褲帶不要太鬆，但褲帶別太鬆是為了交換什麼呢卻又說不清楚。當她年歲漸長，卻看到這類文章竟然轉了風向，寫的是女人的悔恨啦，曾在多久前考慮過早婚不利於事業啦，而今怕魅力漸減，更怕不能生小孩，等等。這一類論述，說得就像早有人給了女性明確的選擇：妳現在是二十五、六歲將近三十歲，要事業還是家庭？而單身女性到了四十歲，已然厭倦等待男人的承諾，乾脆藉科技之便自行懷孕。至於已婚而且有小孩的女性，聽起來老是極度忙碌、不快樂、事業困頓、對性生活已無興趣，但畢竟有了小孩，就像圓滿完成一個了不起的命運。已婚生活的故事高潮，模模糊糊不外乎兩大類：一是男性政治人物對其中年妻子不忠，一是快樂伴侶安於園藝或健身房，或晚餐桌上聊一聊電視節目。同時，科研人員忙碌工作，想發明藥丸撩起已婚女人的性慾，因為已婚女性深愛丈夫，卻不想跟丈夫交歡。

　　這些所有故事都指向一件事，記錄了一系列的威脅，威脅對象則是「有承擔單一伴侶關係」的概念；而其中也包含了此一概念之外，女人性意識的各種表現。女人

若要避免逐漸破壞這樣的愛情版本，唯一方式便是拒絕發生性行為，絕不迎合男性慾望，在新興頻道上（譬如圖像與文字網頁上）絕不表達任何明確的性趣。然後就會有高人大士出來悲嘆，說如果以青年男性的奇想為基礎，要設計一個奇幻世界的話，那個新世界的規則和倫理大概就像今天大學校園的社交環境；男人從性愛所要的，會假設為只想上床；至於女人所要的性愛，就會假設成要的不是性愛本身，而是一個有性行為的感情關係，一個容許性行為出現的結構。然而，我們有很多關於年輕男性所期望於性愛的共識（內容豐富：想要很多、很頻繁，甚至很多不同對象），卻未見對於女性這方面有何相應的論述。「妳想要什麼樣的性愛？」這是網路約會 app 程式沒問的一個問題。

女人認為在性行為方面的選擇恐破壞未來的幸福，想當然，她很難直白宣示自己的慾望，或是明確敘述她想要的性行為。每一句性意識的表白，都會引發有可能錯誤認知的問題：說女性是「物化她們自己」，「自我降格」，或「輕率屈從於當下的壓力」；女性也被指責為屈從「社會的色情化」，並改變自己身體以取悅男人；又說女性並非自主行為，並非一個我行我素年輕女子的心血來潮，而是「模仿校園裏最擅長跟女孩子上床的人，接收了他的性行為模式」，或是「為她的極度渴望自由塗脂抹粉」。一旦結婚了，如此一個酷嗜性愛的女性，卻給說成是處處配合她那喜歡搞花招的男伴，而不是出於她自己的自

性／愛未來式

由意志。女人即使只為男人口交，難免還是聽到自己內心某處傳來一句話，覺得自己被別人「玩弄」了。

　　起碼以我所見，大家都覺得這種想法是理所當然。或如生物決定論書籍一再斷言，譬如露安‧布利貞黛安（Louann Brizendine）所著《女性的腦袋》（*The Female Brain*），說單一伴侶關係讓女性最感幸福，最能夠享受性愛，以及這樣的彼此承擔給女人帶來自由和安全感。但這種思路會使我進入一個極憎惡的性別角色。如果女人在有關自由性行為的每一句表達都要受到質疑，性意識的述說權要能講出個道理來的話，僅有的代言人就只剩男性了。向來，女性很少被人賦予挑逗者的主導地位。要是進行純粹性愉悅的體驗，就被人視為屈從於「主人」的意願；而經歷過的性行為，如果是逢場作戲且又令人不痛快，那就不僅是很爛的一次遭遇，更證明了她原本以為是美事一樁的一廂情願。男人的性慾是難以抑制地持續發生，是化學作用，非做不可；而女人的性慾，要不是讓步，就是溫柔的羈絆，其成就不在於挑逗的行為，而在於把男人的興趣從更廣泛的領域扭轉過來，眼中只有她一個人。然而，不准女人認真看待自己純粹的性慾，這種人生豈不是愚蠢？譬如萍水相逢的性愛，任何女性只要願意表白，隨時隨地機會一大把。一旦面臨珍貴稀罕的恩愛伴侶關係，這種念頭只能丟盔棄甲。話說回來，這樣的「梗」是否值得，或是否必要，極少有人質疑，我也未予質疑。

具有承擔性質或意義的伴侶關係，由於感覺上的理所當然，世人也說必然如此，它所代表的最高等級安全感和神聖性，在我認識的女人之間誘發了最狂熱的信仰，我們很多人都覺得自己也會走上這條路，就像宿命。但我們馬上發現，這實在難以達成目標，不論我們已有什麼樣的科技發展，什麼樣的道德格局，我們甚至已經沒有那麼明確的性別角色了。這不像學校或職場，我們所付出的力量和思維並未產生相對應的結果，因為會是什麼結果有賴於另一族群的行為與對應。西蒙波娃（Simone de Beauvoir）在《第二性》（*The Second Sex*）書中寫道：「叫女人為她自己的人生負責，實在令人煩惱。」幾十年後這句話還是沒說錯。放棄伴侶關係，就像是宣稱自己配備了自給自足人生圓滿的超自然能力。她要是放棄世人理想中的伴侶關係，宣稱她管得好自己的人生，把性慾視為對人生有意義的力量（而非為了達成一個結構性的結局），這一切作為都將與她向來所見所聞相反，與大部分宗教的說法相反，也與她所見過向女性保證帶來最大幸福的種種美滿結局相反。

　　書上和雜誌文章都預告了各種結局，而源頭只不過是要不要跟男人上床那麼單純的一個決定。即使我想拒斥，那些說法還是盤踞了我的心思。經驗也證明了：即使我拒絕性行為，也無法讓愛情更容易來到。我還讀到一篇文章，談及女人在萍水相逢的性愛與認真的伴侶關

係之間如何「選擇」。其中談到一種性愛「經濟」理論，如果女人讓男人更容易得手（姑且不論她自己是否真想要），「價格」就貶了，而男人所須「付出」的就更少。西蒙波娃寫道：「她跟他鬥爭，力圖維護自己的獨立狀態；她也與周遭世界奮戰，為的卻是維持令她走向依賴狀態的『格局』。這種雙重賽局實在困難重重，從中多多少少可以理解很多女性在人生中困擾而緊張的狀態。」

我有個朋友，二十多歲就刻意尋找萍水相逢之愛。當時她住紐約，她的策略並不複雜：朋友們離開酒吧的時候她留下不走。後來她遷居某處小地方，酒吧打烊得早。那一帶還得自己開車才方便，意思是一般人喝酒不敢喝過頭，於是她轉向網路找機會。

雖說 OkCupid 上頭有很多男人表明想要萍水相逢，但結局悲慘的也真的很多。畢竟那是約會網站，她不想談情談心，她要的是激烈而滿足的「性相逢」。所以她登入了 Craigslist 分類廣告網站的「萍水相逢」（Casual Encounters），她在網路上回應各種詢問。見面前她有自己一套做法：一是交換照片，二是打電話。她敏銳而有決斷，頗有利於找性愛的對象。每一通電話她都列出規矩：她要有對方的真實姓名；雙方所作所為是兩廂情願，如果她說「不要」或要求中止，則所有性行為必須中止；要用保險套；要是她喜歡這個男人，而他同意她提出的條件，她會跟他在外頭碰面，才去他的住處上床。這一

切一切的風險，她也都很清楚。

這種打水漂，有時候結局很難受。即使最爛的遭遇，還是夠她說不完的。要是情節發展美妙，往往五味雜陳，回味起來很嗆辣。她說：有些使用 Craigslist 來找炮友的男人堪稱絕世高手。那種人要的就只是打炮，打炮就是目的，經驗豐富，通常對女人的肉體、對打炮的表現都很迷戀和狂熱。

我後來跟她談起這一切的時候，她已三十多歲，較傾向於單一伴侶關係。我問，網路性愛經驗給了她什麼。她說，最重要的是她知道了，如果對方也想上床，只要她表明她也有興趣而不需對方「承擔」，則對方幾乎都是熱烈回應，為她的表白極感興奮，會再三表達對她的渴望。她覺得，過往她聽過，或曾以為那麼直白地應允男性的意向就叫做「賤」，但她覺得這樣的表白並不「賤」（但也有另一個朋友說了：「是呀，就是賤；不用錢的嘛！」）她知道了，即使找不到真愛，總還是找得到想跟她睡覺的男人。她因此覺得對自己以及自己的肉體很滿意，更有信心了；因著自己的行為，更明白為何如此作為了。比起向來對約會的傳統觀念（譬如：除非看到了情感上的保證，否則絕不獻身），覺得更能夠掌控自己。一旦女人要的是一時的魚水之歡，而非找男朋友，原有的性別角色往往就相反過來了。她變成了挑選者，她是男人一擁而上喧鬧著想要引起她注意的人。這些心

得的重量，壓倒了不利的那一面（譬如：難免有些經歷極度令人沮喪，或是她的未來伴侶必須承擔的她的性經歷及其風險。）但她也開心說道：「現在的我在床上真是高手了！」依我看，她的意思是，如果她原本以為美妙的性愛只是化學作用的意外，就像墜入情網一樣少見，那麼，她已經解脫了。

我始終有顧慮，一直不敢從網路去尋求性愛。但在孤寂難忍的時候，網路約會還是給了我很多機會跟陌生人到酒吧去喝一杯，不然那些夜晚或許就會在沮喪中一個人孤單的打發。我遇過了各式各樣的人，有放射科技師、綠色科技創業者，還有一個電腦程式設計師我很喜歡，卻無綺念，雙方來往了好幾個星期，我們都害羞，我慢熱（我猜他也是），一起去了海邊，他很詳盡的說了找尋野生蘑菇的技巧，也說起他講西班牙語訂購墨西哥素食麵餅卷，我們不喜歡的也很相近。

網路約會已經進化到足以展現我們周圍的一切，我們鄰近區域有什麼人，也能滿足特定時刻的慾望。但面對大到幾乎無盡可能性的種種時該怎麼辦，網路從來沒給予進一步的指引。孤獨者心中藏著秘密的時候，或許只想打個炮一解飢渴，也或許盼望愛情，但科技並未給予任何允諾。它幫我們把人找來了，卻沒告訴我們該怎麼辦。

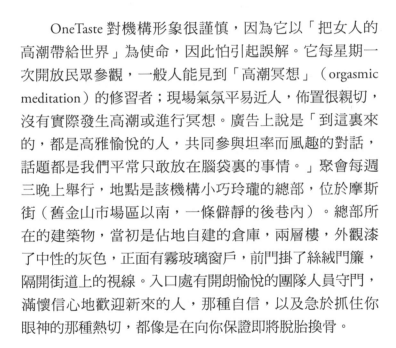

高潮冥想
ORGASMIC MEDITATION

　　OneTaste 對機構形象很謹慎，因為它以「把女人的高潮帶給世界」為使命，因此怕引起誤解。它每星期一次開放民眾參觀，一般人能見到「高潮冥想」（orgasmic meditation）的修習者；現場氣氛平易近人，佈置很親切，沒有實際發生高潮或進行冥想。廣告上說是「到這裏來的，都是高雅愉悅的人，共同參與坦率而風趣的對話，話題都是我們平常只敢放在腦袋裏的事情。」聚會每週三晚上舉行，地點是該機構小巧玲瓏的總部，位於摩斯街（舊金山市場區以南，一條僻靜的後巷內）。總部所在的建築物，當初是佔地自建的倉庫，兩層樓，外觀漆了中性的灰色，正面有霧玻璃窗戶，前門掛了絲絨門簾，隔開街道上的視線。入口處有開朗愉悅的團隊人員守門，滿懷信心地歡迎新來的人，那種自信，以及急於抓住你眼神的那種熱切，都像是在向你保證即將脫胎換骨。

　　抵達的時候是晚上，向著看板前的幾位熱心人士報上姓名，從門廳進入房間，空間很乾淨，自然採光，打

磨的水泥地板，木樑結構。角落的小桌擺了咖啡和茶，擴聲器傳來輕柔的音樂聲。兩排椅子擺成了半圓，最前面另有一行，排的都是織物座椅。椅子上坐了大約二十人，就種族而言相當多元化，個個看起來都端正健康，多半三十多歲或四十多歲。

我挑了後排末端的位子，向身邊的女士打了招呼。她叫梅麗莎，來自堪薩斯城，最近幾年多半住紐約，剛剛搬來舊金山，從事公關業。她是白人，褐色長髮，體態豐盈，穿針織裙；以她這外表和穿著，視覺上來講在很多場合都很協調；她在堪薩斯城的教堂裏也好、在曼哈頓中城區的酒吧也好、在德州奧斯丁的大賣場超市、亞特蘭大家庭後院的露台上，甚至此時此地在舊金山一個「高潮冥想」講座也好，她都不會特別引人注意。我們聊起了紐約、舊金山兩地異同，一致認為舊金山節奏較緩，大小適中，比起紐約有其好處；也說到計程車多貴，再來就沒話題了，她還說，來過 OneTaste 一次：「這裏的人都很好。」也確實如此。

她座位前方是個戴眼鏡瘦削的男士，淺褐膚色。他轉過頭來看著我們，接著他跟他身旁的男士一起向梅麗莎說了幾句話。梅麗莎應道：「你是說女人不要坐一起？」然後她起身，跟此人換座，這人便坐到我身邊來，他一直看著我，友善且專注，但帶有探詢意味，讓我覺得他顯然對這樣的狀況已有經驗。他自我介紹，名叫馬柯斯，

性／愛未來式

我們握了手。此時，背景音樂聲量降低了，有一男一女坐到半圓形前方的矮凳上，房裏慢慢靜了下來。

這一男一女並未立刻出聲，而是若有所思的掃視房內，眼神平靜而敏銳。他們長得都很好看，北加州人特有的淺髮色、淺色肌膚，散發乾淨健康的氣息。兩人衣著輕便，男子大約二十七八歲，淺金黃偏紅的髮色，鬚眉清爽，五官對稱，褪色的短袖T恤緊裹他上臂肌肉，很順眼。他有蘋果商品專賣店（Apple store）或 IKEA 的那種中性氣息；他如果是家具的話，會是堅實優雅的金黃色木材結構。兩人都穿牛仔褲。女子則穿了薄棉格子襯衫，配珍珠鈕扣，從領口所見的圖案邊緣，可知她胸部有紋身。她指甲油是鮮明的番茄紅，一頭波浪金髮是精緻的蓬亂。我腦裏浮起的景象是：麥田裏陽光燦爛，她斜倚著一輛皮卡（pickup）貨車，就像廣告照片那樣。

男子名叫埃利，從事「高潮冥想」已三年半；女子名叫阿麗莎，六年多。他們先說了這些，接著解釋今天這樣的聚會是向我們，所謂的公眾人士介紹修習入門。將由一系列三個遊戲開始，讓大家彼此多些了解，他們也會為新來的訪客詳加解說。

第一個遊戲名叫「一心一意」，順著圓圈排序，要大家立即反應答問。第一題就是「你叫什麼名字」。接著「你為什麼來這裏？」有好幾個人跟我一樣，答道「因

為好奇」。不過，已經有些人明顯想要讓回答內容沾上些許性意味（雖然埃利和阿麗莎還沒來得及說明OneTaste與性意識的關聯）。第三個問題證實了這這個活動的意圖，鼓勵大家堂而皇之談論「性」這回事。它問的是：「你最火辣的慾望會是什麼樣子？」

答案五花八門。有人說「被綁在床上」，有的是「在大浩湖（Tahoe）森林脫得光溜溜」，或是「一口氣不停止地做愛十五分鐘」。有個女人答稱「無法想像，所以我才來這裏，想弄清楚」，另外，有人提出頗具詩意的畫面：蘇格蘭幽谷，陽光之下的幼鹿；有個男人五十來歲，髮型是修道士那種削髮，只說了一句「我隨時都行」。也有人說「舔蜜穴」。還有人對著阿麗莎說：「就是妳！把妳搞到欲仙欲死的時候。」從語氣來看，房裏不少人已彼此認識，此時此刻強調他們在性意味言詞中的從容自在，似乎主要是在激勵眾人效法。

進入第二個遊戲了：「火燒屁股」。一個志願者坐在大家前方的矮凳（就是剛說的這「火燒屁股」）上，回答眾人各種問題。提出的問題不僅是「有趣」而是「有興趣」，藉此表現對答問者的好奇心，同時不帶挑釁或具有刺激性的意味。依據遊戲規則，不論答問者如何回應，你都只能說一句「謝謝」。同時，「火燒屁股」座位上的人回答若尚未結束，提問者要是已感滿意，則可說「謝謝」予以中止。

性／愛未來式

埃利問道：「哪一位願意坐上來？」起碼十來隻手高高舉起，包括那位堪薩斯城梅麗莎。主持人挑了一個小個子黑髮女子，名叫麗貝卡。看樣子他們本已相識。埃利說：「麗貝卡妳真是容光煥發。」（但其實她看起來談不上容光煥發。）她坐定，等著人家提問。

終於有人問了：「麗貝卡，妳為何容光煥發？」
她答道：「因為我今晚找到我的高潮了。」
「謝謝。」
麗貝卡指向下一位提問者。
「那是哪裏呢？」
「全身，到處都是。」
「謝謝。」

換了另一位女士坐上「火燒屁股」，眾人繼續發問：「想約妳外出的男人，會被妳嚇跑嗎？」她答：「我不知道。」從後續提問內容看來，她的另一半也是個女人，因此後來有人問她：「如果有人問妳會不會跟男人約會，妳是什麼感受？」

接著是個藍眼瘦子，穿垮檔褲，帶著含混的北歐口音。
「你是德國人嗎？」
「不是。」

「謝謝。」

「你怎麼知道這個 OneTaste 的？」

「派對上有人跟我說的。」

「謝謝。」

他說，他很高興能來，因為這裏的話題都是他一直想說的事情。

「哪些事情？」

「情色。」

「謝謝。」

「你希望發生什麼事呢？」

「我希望認識其他人，如果能上床更好。」

「謝謝。」

現在換上來的，名叫麗莎。她指向一位舉手的男士，並稱呼他「荷西」。

他問：「妳不開心，是為了什麼呢？」

「為了荷西。」

荷西說：「謝謝。」

另一人問道：「妳不開心荷西什麼事呢？」

「因為我想跟他做愛。」

大家都笑了。

「謝謝。」

主持人終於點名梅麗莎。她本來開開心心，但一坐上「火燒屁股」就哭起來了。

有人問了：「妳為什麼哭？」

「我不知道。」

「謝謝。」

她似乎並非絕望而哭，更像是長時間不快樂的那種哭法，難以設想自我禁閉的那種黑暗，而今在意外中突然找到撫慰。

大家繼續玩下去，進入第三個也是最後一個遊戲：「親密感」，先由阿麗莎解說。她說，接觸了 OneTaste 之後，她才頓悟，是親密感令她找到歸宿。遊戲規則：直接說出是誰令你心癢難耐。我們圍成一圈，每個人都可以直接向另一個人、或是向全體人士做出表白。有名男子名叫拉吉夫，向麗莎表白，說為她傾倒。遊戲進行到麗莎的時候，她答道：「我們談談吧。」有個女人告訴那個垮襠褲，說他撩起了她的慾望。另外有個男子，向在場所有女性陳述，他說，聽到大家談起自己的慾念，對他而言是一種解脫。還有人說喜歡某人的眼鏡。房間對面有個男人，對地板上的金黃鬈髮女人說：「妳不是平常會讓我覺得勾魂的類型。不過我的慾望真的被妳撩起來了。」還有一位說是：「早先我看到你在廚房跟某人親嘴，我失望透了。」所有以上這些陳述，都只能回以「謝謝」二字。

很多人向梅麗莎表白。（她的眼淚，對害羞的現場人士簡直就是邀請函。）輪到我的時候，我告訴梅麗莎，

我們那些狹隘的個人心情，和她的眼淚之間的反差。但這也提醒了我，在每一輪平庸乏味的對話之下，不知有多少事情正在翻滾。此外，大家也特別注意到穿全白坐在地板上的一個小個子男人。他看起來很蒼白，透出生病和消沉的跡象。對話中他似乎提到正在結束一段感情。好幾個人向他表白了，也有人說他看樣子飽受困擾，還有人說訝異於看到他還回來參加這聚會。輪到了全白小個子的時候，他講了些心事，感謝陪伴他的那些朋友。接著換馬柯思，聚會一開頭盯著我看的那個男人，向我陳述了，說是整個晚上都注意我，有時候看到我消沉了、有時候是敞開且輕快的。我答道：「謝謝。」卻覺得氣惱。

　　遊戲都結束了。阿麗莎和埃利簡單解釋這「高潮冥想」（Orgasmic Meditation 縮寫 OM）的本質：十五分鐘的程序，在女性與一位修習夥伴之間進行。此處所用「修習」一詞，是刻意令人聯想到瑜伽和冥想。就修習者而言，這是長期進行的每日儀式，並於其中逐漸習得專精與智慧。

　　儀式開始前，修習者及其修習夥伴先安排好一個「小窩」，把毯子放地板上，供修習者躺臥；另備幾個軟枕，供支撐修習者頭部、腿部。然後修習者脫掉長褲及內褲斜躺並張開雙腿。修習夥伴坐她右側的軟枕上，衣著整齊，把左腿跨過修習者身上，右腿放在女性腿部下方。之後，計時器設定十五分鐘，修習夥伴戴上乳膠手套，拇指沾

了潤滑劑，往下看，以唯美風格的詞句形容她的陰部並且說給她聽；接著問她，是否允許觸摸她下體。她應允後，他以右手拇指放入她的陰道口，左手拇指則輕柔撫摸她陰蒂的左上部位，必須非常輕柔。剩下時間內都持續這樣做，可以在沉默中進行，亦可由女方稍事指引，或由夥伴述說個人觀察，或彼此生理上的感受。時間到的時候（通常是手機內置的鈴聲），夥伴把手掌覆蓋在修習者陰戶上，微施壓力，讓她「著陸」，修習動作至此完成。他幫她蓋上毛巾，然後雙方對談彼此的（修習者通常稱之為）「狀態」。夥伴或許說的會像是這種詞句（我看過的一個指導短片中就是如此）：「我感覺到一陣清亮的金黃色脈動，從指尖上來到我胸腔。」同一短片中的修習者如此回應：「有那麼一陣子，你手指插入的節奏緩下來了，停留了一剎那。我感到有一股很深沉的電流釋放，穿透了我上半身。」雙方述說了「狀態」後，全程結束。修習者穿回衣服，與夥伴整理好場地，回覆原狀。

　　這次聚會過後，我回到自己住處，又從網路上看了些 OneTaste 的短片。大部分是一男一女。其中也有馬柯思，他的女伴修習者名叫哈達莎。他們說話的語氣頗有電視實境節目的風格。譬如：「開始 OM 以來，我才明白可行途徑竟然有這麼多。」或是「OM 幫我找回了自己的聲音，那不只是感情更好的訣竅，也是人生更美滿的秘訣。」還有，「妳坐在熱爐上，妳自己還茫然不覺。」以及「引發情慾的因素無處不在，隨時隨地。」同時，

高潮冥想

馬柯思與哈達莎相看且深情款款。

　　次日我回到摩斯街，因為 OneTaste 創辦人尼蔻兒‧戴澹（Nicole Daedone）當晚來講課，據阿麗莎說是幾個月來首度在公眾場合露面。戴澹最近專事寫作，是她第二本書，主題是「OneTaste 的伴侶關係理論」。她這場講課也將在 Facebook 上播出，直播之際，現場人士和網路民眾都有機會提問。

　　通往 OneTaste 房舍的路上，街道是科幻小說的那種荒涼，我的心情也越來越消沉。我對他們的工作很有興趣，但我不想再跟他們的人講話。他們要求你熱烈反應，態度積極，但那些表情我都得耗盡洪荒之力才能擺上臉。我快走到的時候，卻見那個似乎有病在身沮喪不振的白衣男士，有個女伴陪他步行過街。他還是穿著那一身掛簾式的白色外衣，可見裏頭還有麻布褲裙，因此露出穿了緊身褲的腳踝，和勃肯涼鞋，一隻腳踝像是繫了 ACE 保險集團的綁帶。因為見過他的白衣風格，心裏把他設定為住院病人，飽受惡疾所苦。其實，他只不過穿了褐色襪子，而且只穿了一隻在左腳。我轉身往後，以免迎頭趕上而不得不彼此示意、確認昨晚都來過此地、交流過「親密感」，還得因此自我介紹寒暄一番。為了避免這種場合，轉個彎，繞了好幾個街區才又走回到 OneTaste。

　　在我前面是個穿芥末黃長裙的女士，一路掃視摩斯

街的門牌號碼，找到了 OneTaste 大門，她就進去了。我跟進且穿過了絨面門簾，迎面而來的是一屋子人。佈告欄周圍的義勇軍兵團認得我，以對待老朋友的熱情歡迎我回來。我也跟 OneTaste 的公關嘉絲丁・道森（Justine Dawson）打了招呼。我們昨天所在的房間，今天已被座位重新安排成一列列。燈光、攝影機、電纜等等，讓這個空間像是個打了泛光的攝影棚，也顯得這場合氣派不凡。這些安排都集中到一個戲劇性的場景：兩張高腳椅，一張茶几上擺了白色海芋，以及兩個玻璃杯。茶几地下放了兩瓶尚未開瓶的沛綠雅礦泉水。

尼蔻兒・戴澹讓人一眼就認出來了，倒不是因為網路本來就有她照片，而是大量扈從隨員嘰嘰喳喳圍繞她身邊。何況我深知她的個人魅力，其中儀態是關鍵。她四十多歲，身材修長，穿斜裁風格的乳白色無袖直筒低胸連身短裙，染了淺金黃的髮色，戴圓箍黃金耳環，古銅色肌膚，一雙長腿光滑，脫毛做得很徹底，無懈可擊。腳上穿的是黑色仿麂皮高跟鞋，戴一枚樣式奇巧的鑽石戒指。眾人等著她的演講，全神貫注在她身上，一邊聊天一邊注意她的舉止。

會場人員關掉音樂。戴澹從右邊走道過來，坐在眾人面前的高腳凳上。簡短的介紹中，她的稱謂是「高潮冥想修習的創始者」。介紹過後，她一個人留在舞台中央，也用昨晚主持人那種不慌不忙的神態，冷靜而敏銳

的眼神環視眾人，直到眾人都覺察了氣氛改變而靜下來。接著她開口，語氣祥和的像是在聊天。

她說她只教一件事：「我教的是關於情慾的各方面，以及如何滿足情慾。」她又說，女人向來所知所習，總以為男人不想讓女人開心。但情慾無關乎沉溺，也不是胡鬧的談情說愛，不是哄小孩的糖果，更不是逛街；情慾跟那些都完全相反，是「一種強烈到不可思議的慾望本體」；而她發現，感受情慾的最佳途徑，就是高潮冥想的體驗，而那是完全沒有「文化脈絡」可供依循的。

她問道：「有多少人知道，高潮冥想是什麼意思？」房間裏起碼百餘人，很多人舉手。她點點頭，說：「我們已經走到這一步了，讓大家越來越覺得我們這一套論述自有道理了。」

於是她講起自己的往事（往後幾個星期的重述過程中，又陸續補進了更多細節）。她成長於加州洛斯葛托斯（Los Gatos），與單身母親相依為命。她的敘述經常拐彎抹角，其中暗示的是：那是西西里血統的家庭生活，喧鬧是常態，感情宣洩很激烈。她第一次性行為是十六歲，懷孕且墮胎了。後來她上舊金山大學，二十多歲時跟朋友合作經營畫廊。她形容自己急躁，有支配欲，當時喜愛穿貼身黑裙戴白色珍珠項鍊，講究飲食也修習瑜伽，在性格堅韌和各方面成就的指標都超越同儕。她有男友，

但在她二十二、三歲的時候，她萬萬想不到往後會奉獻宣揚性議題的福音。她也曾覺得自己無法跟其他人共享歡愉。她說：「我很討人厭。」

戴澹二十七歲那一年，接到一通電話說她父親快過世了。她公開場合講話一向極少提到她父親，說起她西西里血統的家庭，嘻嘻哈哈有哭有笑也未曾為他著墨。她父親後來死於監獄，當初入獄罪名是性侵兒童。她曾說，她童年父親沒傷害過她，但她人生中有很多年都以浴火重生的姿態堅強度過。

她說起父親去世，字裏行間頗有神秘氣息。她搭著醫院電梯往上，越來越接近亡父病床，突然間出現奇異且強烈感受，不是悲傷，而是狂喜。時空像是在膨脹，電梯裏面空氣像是水的流動。剎那間，她生命中的一切面向似乎都暗下來了，也刷淡了。電梯門開的時候，她只覺得已經失去對人生目標的想像。其後數日，她堅毅果斷的那一面完全崩潰，接下來就是一段衰竭期，直到後來發生有如顯靈的時刻。當時她在舊金山芳草地花園（Yerba Buena Gardens）跑步，忽然聽到聲音，清晰有若鐘聲對她說：「妳自己身上不論哪一部分，都不能再丟在後頭不管了。」

她的意思我懂。「失去自我」不難明白，是出於恐懼感。北加州各種奇怪的生活方式都有，智性上的一次

「急轉彎」就足以讓你變身，成為狂熱的演說家，倡導寵物針灸術，或是暗影療癒法。加州又是五花八門各種組織的全國總部，古銅色神秘人士掛著無線電麥克風演講，向眾人承諾各種各樣的鑰匙，用以「釋放你的潛能」。成千上萬這樣的人現身於琳瑯滿目的 YouTube 短片中，告訴你有什麼疑難雜症，也為你提供錦囊妙計。戴澹說起她對那些魔幻公式的疑慮，而我覺得她也說出了我的疑慮，以及室內其他人心中的疑慮（他們或許認為她的演講只是行銷手法）。

戴澹在她父親死前，曾稍微探索了精神修習方面，但此刻她深入「新世紀」（New Age）思潮，認真探索的領域包括：自我協助、自我提升、自我導航，等等。她的自我培訓始於一個泛性靈（panspiritual）的「神秘學院」，那一年裏大部分日子她都刻意緘默不語。

之後，她深入研究道教，學禪。她後來也知道，其中多多少少是想釐清死亡、性愛、肉身之間的糾纏。演說中她提及幾位神秘導師，包括三位女性，吸收她進入一個「女巫集會」（coven）；另有個「流氓宗師」（thug guru），講了些很不中聽的人間真相。她也談及曾經住進一處「迷幻小屋（acid house）」流派的活動會所，以及其他公社生活實驗。她修習冥想且吃素食，曾禁慾兩年半。她深入這種種不傳之秘三年，原打算此生禁慾，並在舊金山禪修中心靜度隱修生活。但就在她表白宣示之

前，她去了一個派對。

　　派對上她認識了一個佛教徒，七十來歲。兩人談起「性」，於是他便邀請她試一次他所說的「修習」，並解釋道：過程中她得躺下，腰部以下脫光，而他會輕撫她陰蒂十五分鐘。他說：「我會輕撫妳。而妳不必碰我，不必幫我做什麼。」

　　戴澹說話的時候，聽眾非常專注，偶爾像是言詞上的小差錯，或淡而無味的語涉不雅，大家都樂不可支。她用了方言，或是某個小手勢，譬如模仿抽一口大麻，眾人就哄堂大笑。她的演講沒有一套歸納完整的結構，她提出的各種想法，卻不一定都有結論。大多是穿梭於不合邏輯的推論之間才逐漸清晰起來，她的條理難分先後，總是朦朧，她的宣述往往可以千變萬化的解讀，譬如「你一直想做哪一種人，你就去做」，或是「尋找你內心的導師」。但前後倒置或邏輯不清，都毫不減損她籠罩這整個房間的魔力。她身為演講者的力量，來自她的坦誠，她飽滿厚實的本色，言行舉止上的從容，以及她脫俗的外表。

　　她說，跟派對上那位老先生「修習」過後，她覺得「似乎還有很多事情可做」；她當時與一位男士來往，彼此間有性意識存在，但不上床。她不必擔心他是否為她傾倒，是否忠實，或第二天是否還打電話來，甚至是晚餐該誰付錢。這種「刻意為之的高潮」（他們對「修習」的稱謂）

既不是「性」，也不是手淫，它讓性體驗與愛情脫離，而且那種脫離的體驗，是她在萍水相逢性行為中從來沒有過的感受。

她說起她從事高潮冥想之前的人生：「我當時感受到的不是性的滋味，只感受到伴侶關係；我很難搞，沒辦法把自己的「生殖器」就只當「生殖器」看待。」

我想，她的意思是，輕撫陰蒂這樣的修習是一種技巧，可因此產生親密的連結感，但保留了情緒上的距離，是一種「性操作」。讓兩人之間可以很親近，卻仍保有各自的領域。修習夥伴知道自己在幹什麼，過程中尊重規則與界限就行。修習者用不著愛上夥伴，甚至不必特別有好感。我看到了此中妙處：這像是朋友之間另類的溝通模式，若能普及，則人與人之間性意識的連結就不至於遙不可及，而會是像朋友關係那樣稀鬆平常。這種做法可以無所不在，即使對方遠遠達不到完美的標準。

她現在專注研究「高潮」。她對這個詞的用法並不局限於字典上的定義（「一段短時間內的最高點」），而是「一種概念：人間的性能量」。她是這樣假設的：這是性自由的時代，但愛情與伴侶關係所依循的，卻是早已過時的「雞同鴨講」（crossed wires），那種差別就像地圖與實地景觀之間的差異。男女雙方都認為，特定的性關係模式必定獲得特定的回報，快樂的多年婚姻即是忠實不渝的認證，或者，報以忠誠則必獲忠誠。然而，

這些性行為儀節的觀念一旦得不到預期結果，我們就誤以為問題出在個人缺陷，而不會想到是體制問題。

戴澹跟很多前人一樣，認為問題不在人的身上，而在於管制成人生活的規則網絡與期望值。尤其，女性傾向於把性慾跟這麼多體制的期望和結局連結在一起，以至於無法專注於性體驗本身。她結論道：高潮冥想將會是中性空間；專注於肉身是可行的，不必受到所謂愛情或行為制約的干擾。

當時她對這些都毫無所覺，而是多年研究之後方有所悟。二〇〇〇年，她已三十多歲，認識了羅勃·堪德爾（Rob Kandell，後來擔任 OneTaste 營運長）。堪德爾也曾有過類似經歷，探索過普及於加州各地的各種自助工作坊事業，參與地標座談會（Landmark Forum）工作坊，並研讀摩爾大學（More University）公社的「生活實驗」出版物。據他告訴我（但字裏行間並不是很明晰）：他和戴澹是在「一個社交場合（其中有人進行性意識活動）」認識的。當時他已婚，但他們夫妻倆從此與戴澹一起出席性議題工作坊，過不久就討論起自辦工作坊以及開課計畫。

OneTaste 的公關人員嘉絲丁·道森說：這種探索是要找一個「乾淨明亮的空間，讓大家可以談談這些事情」。這句話，與某個新世紀（New Age）組織有關，指

向一九六〇年代倡導人類潛能的運動，以驅散各種往日遺毒為旨，包括：狂熱分子、邪教，以及男性主導的老派新社群主義（New Communalism）那種父權陰影。嘉絲丁告訴我：「社群裏頭其實有人上這種課，但老是有人覺得跟都會生活搭不上邊，不夠開放、不夠素淨、感覺不夠明確……結果被人視為嬉皮或是蠻荒地區的觀念。」戴澹開始做研究的時候，教導「人為高潮」（deliberate orgasm）的大部分是男性。而她想創造以女性為中心的技巧，女性主導，但過程中不排斥男性。

二〇〇四年，堪德爾賣掉他在里奇蒙外圍地區的房子，所得款項投入一個新組織，如今名叫 OneTaste 城市靜修中心（OneTaste Urban Retreat Center）。戴澹簽約租下佛森街一〇七四號的舊倉庫，初期有十二人共度公社生活，二〇〇四年七月三十日開幕，以「令你肉身歡愉的歸宿」為號召。舊倉庫有足夠空間出租予私人用途，還有店面。靜修中心本身開設了瑜伽班、冥想班、工作坊、按摩療程，也供應性議題書籍。二〇〇五年《舊金山紀事報》曾有一文，把靜修中心的裸體瑜伽班形容為「功同再造，絕非搔癢如此簡單」。

舊倉庫內的住客也彼此自行實驗。戴澹所提細節不多，僅稱之為「研究與發展階段」。倉庫內的房間都沒有門，靜修中心最鼎盛時期住了五十人；基本上像是志願研究員共同生活於一個培養皿內。晨間七點起床，接著

性
／
愛
未
來
式

「修習」，隨後進入名叫「克制」（Withholds）的小組討論。這是戴澹從摩爾大學創辦人維克多·巴蘭科（Victor Baranco）學來的討論技巧：公社成員講出曾予壓抑的、針對其他成員的想法或感覺，而後眾人寫自己的筆記，或練習瑜伽。

靜修中心成員雖然每天「修習」兩三次，成員之間對性意識的探索其實已超越「修習」的一般做法。同睡一床的，就叫做「研究夥伴」，亦可邀請其他人過來「留宿」。大家藉由性行為與討論一再衝擊嫉妒心的界限，譬如「研究夥伴」與新來的人同床共枕，僅與你一牆之隔；或即使處於最慘的情緒起伏，仍須繼續彼此溝通對話。他們探討的範圍也包括了：女性經歷創傷後或飲食失調在性反應方面有何特點；女人的性體驗如何隨其年齡而進化；性交中途女人突然哭泣男人該有何措施。或者，女人若不願形諸於口，男人該如何察覺並達到她的滿足。這種種體驗都因社群文化而獲致。這是基礎，一旦出現困難，成員之間可以彼此討論。要是外來壓力譴責成員之間的活動，則族群規模越大，就越有利於實驗的價值。

據一位二〇〇八年曾在該中心待過三至四個月的學員說，他當時二十五、六歲，因為經常有人在「修習」，白天常隱隱約約聽到高潮聲，但那裏面沒那麼多性活動。由於他是男性，依規定不能讓女性為他撫摸，除非是女方主動提出。（堪德爾說：「我們教導男士別開口要求，

起碼一年或半年。」他說的這種「男性輕撫修習」確有其事，但並未向所有成員公開細節，僅有比較核心的成員才知道詳情。用意是破除舊觀念，不要把性行為視為互惠、交換條件，或服務合同。若有女性一向顧慮他人需求多於自己感受，則鼓勵她們多接受，而不僅是付出。）這位初期成員說，那一段社群經驗很有幫助，尤其是讓他在性觀念方面根除了以性別為基礎的先入之見。他認為已經徹底學會感知並掌握「修習者」所說的「觸動」，或是有別人在場的話他生理上會如何反應。他跟我大致講了那一套課程綱領和理論，如何在理性思辨（或可以說是「腦皮層」）之上優先處理肉身的本能（或可以說是「大腦邊緣系統」）。他也說到住倉庫的壞處，招收新人的壓力很大，由於 OneTaste 力圖成為強大的宣教力量，而因此產生出的各種壓力。

「這一點我很苦惱，他們強勢推銷課程，廣招新人。」OneTaste 的收入來自工作坊和教學活動的收費。任何人只要願意提出電郵地址或是手機號碼，即可收看教學短片或出席演講會，但真這麼做的話，接下來就是無止境的拉客行為。他說，他第一次的工作坊對他是極大的助益，第二次卻是「狗屎」。他覺得講師的說詞很詭異，像是在提倡「反愛情」，或者起碼是反對兩個人之間排他性的親密感，並倡導更廣泛的、超乎兩人的連結感。這個舊倉庫似乎與戀愛中的人格格不入。他說他「很想找到親密感」，而 OneTaste 那一套不適合他。後來他還

性
／
愛
未
來
式

花一些時間適應，才回到主流社會的價值觀，才回想起愛情與性行為（拋開了「高潮冥想」之後）原來的樣貌。

不過，戴澹就是從這樣的「研發階段」出發的。她把「高潮冥想」的理論和實施都整理清楚，有了堅實的實驗基礎。她說，每天「修習」給了她更多安全感，讓她更能處理極需情緒穩定的情況。（我認識她的時候，她正在進行一年「絕對的非單一伴侶關係」）。二〇〇八年底，OneTaste 遷離了舊倉庫，把辦公室和學員住客都搬到附近一處舊旅館。舊旅館原先都是單人房，好處就是房間都有門。此外，他們把學員住戶數目減為十二人。堪德爾說：「舊倉庫裏面，對一般大眾恐怕是太熱了。」

二〇〇九年《紐約時報》首次介紹 OneTaste 的時候，該組織宣傳口氣已轉為溫和且較模棱兩可的方式，講到「高潮冥想」之外的內部活動就點到為止。公開宣傳中表現的不透明，讓它吸引「單一關係」的伴侶，以及覺得自己很難深入探索性意識的女性。戴澹的野心是，總有一天，詢問某人要不要來一次高潮冥想就像「邀請對方一起喝杯茶」那麼稀鬆平常。

那天晚上，她在現場觀眾面前解說了「高潮冥想」施行過程。她先安排好一個枕墊「小窩」，夥伴是該組織的同事（這一次並不解衣）。她把夥伴安頓好，一隻手放到夥伴腿上，說：「我會感受到兩者間的差異，一

邊是她體內的觸動，另一邊是我自己的。」接著她手指頭沾了潤滑劑，設定計時十五分鐘，便開始做輕撫動作。「所以，如果她的陰蒂是個錶面，」（眾人大笑）「那麼，就是一點鐘位置。你就輕撫那個位置，上，下，上，下，上，下。」之後演講在一片熱烈的掌聲中結束了。

　　要做一次「高潮冥想」，須先參加一日先修班獲取認證，費用是九十七美元。嘉絲丁告訴我，說我很幸運，機會難得可以看到現場展示，而且那個早上有戴澹在場。

　　接著要填寫一份聲明，宣稱我們了解「高潮冥想不是精神療法」。課程開始時，先是像先前那樣的「遊戲」，只不過這一次是由戴澹主導討論。她穿灰色短裙，展現她那一雙長腿，裸露的臂膀，褐色麂皮高跟馬靴，輕鬆從容之間顯得性感。她問到了我參加這次課程的動機，我還是答道：「好奇。」

　　戴澹衝著我來：「話是這麼說，但我感覺到妳似乎很不痛快。」我的確很不痛快。坐我左邊的人散發濃重酒氣，紅著臉且眼神發亮，而且我相信──現在是上午十點鐘──而他咖啡杯裏面裝的絕對不是咖啡。他老是高聲大笑，經常轉頭盯著我的側面。他散發一種迫切的需求，我感覺他來這裏是帶目的，而那個目的的對象正好挑中了我。只要一想到這，而且他又坐我身邊，我就一陣陣焦灼，噁心。房內很暖，但有壓迫感，五十名出席者坐成半圓，形成堅實的牆面。雖然此刻做筆記這種小動作

會引人注意，我應該還是要做筆記，但我沒有，反而扮出輕鬆自若享受聽課的樣子。此外，因為戴澹衝著我來，讓我更感覺焦慮了。

她詢問其他人，有時候語氣很衝。而房間裏的能量漸漸流動了起來。有位男士似乎為了博得她的讚許或引起她注意，坦承懷疑「高潮冥想」的作用。戴澹聞言簡直柳眉倒豎：「那你來幹什麼？我來這裏可不是為了對你循循善誘。」有個史丹佛大學的住院女醫師，離了婚，才二十多歲。早先我跟她聊過天，她說：「我來這裏，是因為已經五年沒有高潮。」還有另一個女士自我介紹的時候，被戴澹打岔還用稍顯嚴厲而尖銳的語氣問她：「妳是聖地亞哥來的？」女士答道：「我是灣區來的。」戴澹不語，狠狠瞪著她看，接著轉回掃視房內，問道：「〈生活不易〉（It's Hard Out Here for a Pimp）這首歌，是哪個電影的？」有人大叫：「《饒舌歌王》（Hustle and Flow）。」戴澹點點頭，又回頭看那灣區來的女士，說：「身邊都是正常人的話，一個人當不成女巫的。」

午餐時間我往附近一家小吃店走，赫然發現坐我旁邊那名醉漢跟來，他點了啤酒。幸好有幾個同學加入，其中一個二十二、三歲的女士名叫蘿侖，熱切地想跟大家募款，為的是籌款一萬三千美元參加 OneTaste 的指導課程。

高潮冥想

一屋子的人開口閉口都是情色的那種狂熱之下，午餐實在是個解脫。我一直再等，等那名醉漢拿了他的啤酒坐定，我才選了另一頭的位子坐。大家回到工作坊的時候平靜多了。阿麗莎和羅勃出來主持座談，題目是上午的活動。突然，戴澹從她後排的座位起身，走到前面。她已更衣，現在是牛仔褲，上身是裝飾有打摺的麥色大樽領套頭衫。她說她很擔心，覺得房間裏的能量已經消失殆盡，又嘆道我們都已經回到慣常的、舒緩的壓抑狀態。她說得沒錯，我覺得舒緩多了。她說這樣不對：「情況越來越熱烈的話，這麼一大群人應該都會很不舒服。我們這練習本來就應該是不舒服的。」所以，課程繼續之前，她要大家在房間裏到處走動，再多說些感受；「重點是讓這個房間裏面每一個人都回到真正的自己。靈魂不只是連結到你的心，也連結到雞巴和蜜穴。」

　　我們在房間裏走動，說自己的感受。戴澹偶爾示意暫停，個別針對學員提問。有個橄欖膚色的年輕男子說他愛女人，交歡之際卻覺得自己是個不同的人。她便要他暫停，問道：「你是義大利人？」他說是。於是她瞧著他，若有所思。

　　她對他說：「女人喜歡做愛。她們最想要的，就是把你狼吞虎嚥地吃掉。」我本來又在做筆記了，聞言卻停筆。戴澹此時掃視室內，停在我身上，問道：「怎麼啦，妳似乎不相信。」

我說：「在一個房間裏，這麼多公開袒露的慾望，我覺得很有趣，但也覺得身不由己。我覺得，對於打算跟誰上床，我想要有更多的掌控，我不想要太露骨的示意，這會讓我焦慮；或許我「喜歡做愛」，但我想要的人或許只是幾百人的其中一人。來自他人露骨的示意都會令我不安。」

戴澹的回應是，有個男子在她網頁留下很多留言，大多很猥褻。每天都寫，說多麼想和她做愛，還有各式各樣想在她身上玩的把戲。她一直沒理會。終於有一天她出手了，問了他的電話號碼，發簡訊給他說：「好呀，我們來做。你過來吧。」

他沒過來，這之後就再也沒回應了。她證明了自己的強大，大過那個人的慾望。她對他不是驅趕，而是邀請，她把自己的力量放到可以壓過他的位置上。她說，女性傾向於在焦慮中感知身邊周遭的性慾望。她自己走進一個房間的時候，感覺得到某些人的性趣朝著她來，她不會假裝不知道，也不會使盡各種辦法解除狀況。她會確認情況，注意她自己生理上（尤其是陰部）如何因室內其他人而做何反應。接著她也在演講中提到此事。後來我在網路短片上看到她這麼說：「任何時刻，只要我醒著，每一分每一秒，我全身的感應都錨定在我的私處。即使你不問，我也可以告訴你，任何時刻我的私處是什麼感受。現在，我那裏有一點點浮腫，稍微外翻，

就像罩著很薄的隔層，幾乎像是水氣或汗液；感覺很暖，陰道口周圍像在嘰嘰喳喳。我隨時都注意我那裏，要是妳一直注意著妳那裏，就會跟任何眼下的動態都綁在一起。妳若是很專注、錨定在身體上最火熱、感覺最敏銳的領域，那麼外界一切也都無所謂了。」而現在她說要做一次心理練習，她解釋了她為何打算在房間裏選定一個她「想做愛」的人。

　　這一番話侵略了我在禮儀舉止方面的觀念。我難道沒有權利不必屈從於男性慾望？我活到現在，見過陌生男子來調情，有些人臉賤嘴也賤，有些自命瀟灑，總是惹得我煩躁不安。我看朋友似乎都一笑置之，但我沒辦法。譬如在酒吧裏聊天，話題很棒，正講得開心，卻被某個男人笨拙的言詞打斷了，我當時只會想盡快脫離這種狀態。不過，戴澹所說的畢竟一針見血，擊中了我的心病，她說的感知並接受那個房間裏的性意識，並予感覺、形容、接納，是我一直想拒棄卻始終在我內心糾纏不去的。我可以走進一個房間，專心感知我的身體如何回應房內的其他人，但這是我可以私底下進行的性意識探索，因為不必負擔任何風險。思考過戴澹那一番話之後，我察覺自己多年來心理層面似乎表裏不一。我似乎經常棄除了我所察覺其他人對我的表示，那些遭遇我都當若無其事，任何生理反應也都當沒發生過。我不禁這麼想，這種無性心態的表面虛耗了我多少信心、多少決斷？或者，我是否曾在矯飾虛假的基礎上有過什麼抉擇？我若要改變

這方面的認知，必須自己心裏有數，知道我要在哪一刻、哪一個瞬間與對方直視，或是，在他直視我的時候堅守防線，絕不看向別處。我要求自己，把那些微妙的心血來潮或嫌惡感，那一片我從來不肯搞清楚或是大聲討論的，都看個仔細。我要實驗，在街上受到他人言詞刺激或吼叫的時候，注意自己如何反應，要求自己與人寒暄，或頷首致意；面對具有性暗示的表白，我也讓自己體驗隨之而來的內心騷亂，讓自己待在那個意識裏面，感受其中的流動，而不是立刻封閉。今天來看越來越明顯了，原來受到公開冒犯的那一刻，或者只想著如何面對這種情況，竟可以消耗我那麼多能量。OneTaste 其他女性也說做過類似的個人實驗，譬如一整個星期在公眾場合坐姿都不併腿，只為了感受能否怡然自得身處某一空間，或是表明對該空間的所有權。

接下來，由戴澹示範「高潮冥想」施行過程。我們暫停小歇，工作團隊安排了按摩桌和枕墊。嘉絲丁・道森脫了牛仔褲，她與戴澹彼此間的眼色是完全的信賴和相互的支援，她們是深交。戴澹解說的時候，嘉絲丁坐著，未有任何羞慚之色，很開心的樣子。她是三十多歲有著淺色頭髮的苗條的小個子。戴澹調整枕墊之後，嘉絲丁躺下來，張開雙腿。

「首先，我要讓她安全入港。」她跟嘉絲丁說，「妳的手好冷。」接著向在場人士描述了嘉絲丁的陰戶。此

時此刻，戴澹在言詞上非常文青，比喻中包括貝殼、花瓣。在 OneTaste 的自訂規範裏面，用的詞彙都是「雞巴」、「蜜穴」。我問過為什麼，對方回答：女陰很麻煩，沒有全面而精確的詞彙。大家常用的陰道（vagina）一詞，起碼就醫學意味而言，僅能涵蓋一個區位。同樣，陰蒂（clitoris），陰道口（introitus），陰唇（labia），其他詞彙也都只涵蓋局部。戴澹曾修習語義學，決定以蜜穴一詞概括。她對我說：「『詞彙再生』這部份我是很強的。」

她在手指上塗了潤滑劑說，她跟嘉絲丁是老朋友了，兩人也都定期做性病感染檢測。大家應該常用乳膠手套，因為「不值得為性愛而死」。她又說，她會輕撫嘉絲丁的陰蒂，所施力道不會大過指尖輕撫眼皮的觸覺。房內男男女女都伸指撫過自己眼皮。接著，戴澹開始了修習程序。

我覺得這就像在看通靈儀式裏的靈媒，或者是神靈附身的福音派教徒。戴澹表情很專注，右臂覆於嘉絲丁腿上，以左臂輕撫，嘉絲丁幾乎是立刻呻吟起來。戴澹的動作過程中經常低頭，時而抬頭往後甩，嘴唇緊抿，眼望上空，同時調整動作搭配。嘉絲丁在她雙臂之下打哆嗦，顫抖。房裏很安靜，人人全神貫注。我右邊的男士已是深呼吸，都是深長的調息。我左邊的男士臉色潮紅得很厲害。嘉絲丁一直沒到達明顯的高潮，平息之後也沒出現明確的高峰。她左臂在半空無力飛舞，兩腿抽

搐。在這過程中，戴澹邀請好幾位女士站到按摩桌旁，讓她們伸手觸摸嘉絲丁腿部，感受她體內持續的脈動。嘉絲丁有時吼叫、呻吟或哀嚎，聲量都高踞不下。終於計時器響了，戴澹的手往下移，動作很明確，以示完成。此時她右手覆蓋在嘉絲丁的陰唇上，左手取來毛巾讓右手抓著，仍是用左手把毛巾從右手抽出來，不著痕跡地擦乾了手，接著把毛巾覆在嘉絲丁身上。嘉絲丁躺著，毫無動靜。

接下來，我們聽一位柏克萊醫師講課，解說頻繁高潮的好處，亦即讓女體經常充滿催產素。隨後戴澹離去，由阿麗莎和羅勃接手。眾人收起椅子疊好，男女分邊，成兩行面對面。這一組練習包括逐步升級的提問，伴隨著觸摸。每一次練習過後，我們就往右移步，以便面對不同人士。練習中要求男士描述他面前的女性，女士則須描述她面前的男性，描述中須說出所有的線條、斑點，甚或化妝上的敗筆。有個男士把我嚇壞了，他說了我化妝的痕跡，臉頰有個斑點，以及我外表上種種（都是我本來覺得不顯眼不至於引人注意的）瑕疵。這種驚恐，真是很特別的經驗。我們又一個個面對面，不斷重複問著：「你的慾望是什麼？」這種問題我都只能結結巴巴，回答得很貧乏。

男士須握住女士的手腕，以手指上下輕撫。我們也輕撫彼此的肩膀，彼此詢問有何感受。這一階段結束後，

高潮冥想

學員可以從同學之間選擇夥伴進行第一次修習。但我沒參加。我生理上感到耗光了，情緒上枯竭了。每一想到我輕撫過有個年紀較大的男士的肩膀，我就覺得反胃。我告訴自己，界限之為界限，自有其道理。我不敢說我的想法一定對，但有界限我就自在多了。

我怕被人找去當夥伴，避開所有眼神接觸，出了門便搭上巴士回家。我買了越南菜的外帶飯盒，冰淇淋三明治，一瓶紅酒，開了電視看賽門‧夏瑪（Simon Schama）製作的英國史影集《諾曼人征服》。這是前男友給我的最後一個生日禮物，他現在大多一個月或一個半月才回覆我的電郵（如果他願意回覆的話）。

幾天後我接到嘉絲丁來電話，當時我人在舊金山哈維‧米克（Harvey Milk）公共圖書館。我只覺得驚慌，所以沒接電話。我強迫自己走到陽光下，外頭有些涼風，平靜後我回電給她。她問我覺得上課如何，我說有點吃不消。她建議我參加修習，她無法告訴我可以跟誰一起修習，也無法幫我安排，不過我要是願意加入 Facebook 上的「高潮冥想」秘密群組，或許找得到我感興趣的夥伴，可以向對方發訊。於是我加入了那個群組，很快就接到埃利（我出席第一次聚會的主持人）來的訊息，寫得很客氣。我放心的是他經常做這種修習，多一件應該是無關痛癢。我邀請他做「高潮冥想」，他同意了。於是我們安排了週四在 OneTaste 的午間時段。當天陽光燦爛，

晨間我還去跑步，仔細的淋了浴，刮了腿毛。我慢慢走到摩斯街四十七號，沒戴起耳機聽音樂。途中見到有個人帶著邦加鼓和小鈴鼓，有個窗戶貼了一紙告示，寫道：「性愛與文化中心已遷離」。還有個瘋女人把褲子脫到她膝蓋附近，跳著花俏的芭蕾舞。

OneTaste 在摩斯街上的建築物寂然聳立。我穿過厚重的絨面門簾（用來隔間，並在通道與修習場所之間形成區隔）。那裏有兩名團隊職員，其中一人名叫亨利，給了我一個大玻璃杯，裏面裝著綠茶。我坐到長凳上，過不久埃利和馬修一起進來了（馬修年紀較大，我在戴澹的第一次講課當晚認識他的）。接著埃利與我一起上樓，樓上有三個房間都舖地毯，皆備置了枕墊和椅子。埃利去開櫃子找需用品：一個枕墊給他自己坐的，一個小枕頭讓我可以墊頭部的，一床毛織品瑜伽毯，瑜伽軟墊，還有讓我躺臥的毛巾。他問道：「還有沒有什麼需要？可以讓妳覺得更放心的。」我說沒有了。有他在場，尤其是他在這一切準備程序中的從容自在，已經很讓人放心了。

房間很小，牆壁漆成灰色，有兩張黃色椅子，窗簾是白色，天花板上看得出是架了木樑的結構。房內很暖，埃利開了一扇窗戶，方便進些涼風。我們寒暄了幾句，知道他是二十八歲，辭掉蘋果（Apple）公司來做 OneTaste 的工作。他問我想面對什麼方向，似乎是看到我在猶豫不

高潮冥想

決，便說：「那麼我來決定吧。」所以選了頭部朝向窗戶，腳朝向門口的方向準備開始。埃利表現得有條有理，每個步驟都一一宣布。他脫了自己的鞋子接著對我說：「現在妳可以脫掉長褲了。」若是婦科檢查或比基尼除毛術的場合，這種時候醫師或美容師會暫離房間，但埃利沒離開。我脫掉長褲，問道是否應該脫襪子。他說：「妳自己決定。」於是我脫了襪。他說：「那麼我也脫了襪子吧。」他引導我形成坐姿，把我一條腿擱在他手臂上。我覺得很安心，感覺得到他的腿碰了我的腿，他手臂支撐我的手臂。他在手機上設定了時間，深呼吸數次後便動手按摩我的兩腿。他兩手在我腿上輕壓，感覺很舒服。然後他戴上乳膠手套，說：「現在要做輕撫了。」

　　他還沒開始的時候，原本以為會被他挑起情慾。我感覺得到窗外吹進來的微風，回想著嘉絲丁那一場喧鬧的示範，擔心會暴露我的什麼本性（我可不想暴露給陌生人）。但是，從他開始輕撫我，我就表現了、也體驗到了分離感。我沒有任何類似高潮或高峰的感覺，或我用按摩器自慰的快感。我對這位抱著我腿的男人沒有慾望，沒想要和他交歡。我只從他抵住我兩腿察覺他的呼吸起落，覺得有種深沉而濃郁的舒適感。我並無狂歡之感，也沒輕飄飄不知所以，一切都安寧，沉穩。我專注於自己的呼吸，感受著他身體給我的壓迫感。有那麼一刻，他若有所思說了一句：「我的陰莖根部，有厚重的感覺，像是在膨脹。」然後他手機的計時器響了，程序

結束。我們各自說了些感受，但我似乎不知道該講什麼。我只記得，不論我當時說了什麼，聽起來都像是虛構的。隨後我穿好衣服走了。這樣的修習我後來又做了兩次，都是跟埃利一起。我一直沒達到「渴求」的層次，並婉拒了好幾個來自其他人的邀請，甚至取消原來已經約好了的修習。我做第三次「高潮冥想」的時候，房內也有其他人在修習。突然，就在我看著桌上咖啡壺的時候，竟然有了高潮，或是像他們說的：「攀上去了」。事後我很沮喪（有時候，性愛結束後我會這樣），這種修習跟性愛似乎沒那麼大的不同。有時候，高潮只因我極為專注、心智上想著非要達到不可，也就發生了。而高潮是可以得過且過的，可以是對另一個人的伺候、示好、獻殷勤，予以滿足感而已。上床這種事，即使過程沒那麼享受，我還是可以達到高峰的。

有好幾個月，我一直刻意對我在 OneTaste 的所見所聞表現得若無其事，認為那一切距離我日常實際人生太遠，不至於影響我。這倒不難，因為他們所作所為很奇怪。當時，我寧可我的社交對象是其他族群，而不是 OneTaste 的人。我不喜歡他們。我喜歡朋友之間不要老是堅持滿懷同情的眼神接觸，不必隨時隨地述說內心感受；我喜歡看我的朋友喝酒抽菸。如果讓我可以保留自覺格格不入的權利，如果可以保留內心感受蓄而不發，如果可以自由遙想我的人生前景，讓我自己咀嚼那種滋味，我會自在得多。而 OneTaste 的人言詞之間令我裏足不前。

他們喜歡形容自己感覺「膨脹」了，用「侵入」來表達個人「成就」，也喜歡把性愛（名詞）當動詞用。堪德爾就說過：「我的 性愛（sexing）改變了，所以我如何做高潮冥想就反映了我怎樣做愛（sex），而我怎樣做愛（sex）就會形塑我的高潮冥想。」

有時候走在教會區街上，或是去健康食品的聖殿 Rainbow Food Co-op（以抗氧化與天然食材小吃聞名），會碰到在 OneTaste 見過的人。其中一人邀我外出，去十四街他們很多人常去的一家茶店。他戴了珠串項鍊，直視著我說：「那裏是開放空間。」他意思是那裏是茶店，「不會有酒吧那種黑暗或壓迫感。」
我用很欠揍的語氣答道：「我比較喜歡酒吧。」

那年夏季我離開舊金山之後，OneTaste 繼續發訊息給我。起先只是馬柯思、埃利，或亨利會斷斷續續來詢問我要不要做高潮冥想。我都開開心心答稱我已遷離舊金山。後來，其他成員偶爾也來訊邀請我去聽課，或出席工作坊。

我的 Facebook 上，也有幾位修習師傅的動態更新，並附帶宣示一次次的靈光乍現。我經常瀏覽，順便看看他們在視頻短片上的證言。
有人會回應道：「『為了自己的歡愉而做的輕撫』，就在那一刻，你知道你已經建構了自己的人生。」

另一人回道：「早些時候你知道你還沒『建構自己的人生』，而你也明白這做得到。」

　　原發訊者便答道：「謝謝。而晚些時候你知道這是沒得回頭的了。而你也無法回頭。」

　　再來就會有其他人寫道：「美妙。太美妙了。」

　　包括 OneTaste 在內，這些組織核心思想各有不同，譬如：Esalen Institute（「為自己、為社會，擔當深刻改變的先驅」），或是 Landmark Forum（「創造一個你自己設計的未來」）、舊金山禪修中心（「願所有生靈都認知自己真正的本質」）、Lafayette Morehouse（「你很完美，世界很完美，而你應該完全為自己的人生負責」）、Pathways Institute（「從人類意識的探索，導向你個人修養和專業上、性靈上的智慧，技能，及其實現」）；這些靜修中心、講座、訓練中心、終身學習機構、公社等等，如果說看起來太過自戀，那是因為有太多規條。婚姻、核心家庭、性禁忌、營養過剩，或性別議題，他們都能一一破解。二十一世紀美國中產階級可謂得天獨厚，因為人生中最有壓力的任何問題都可以有各種選項。單身時期我應該跟什麼人上床？晚餐吃什麼？我要怎樣賺錢？這些都是歷史悠久而極荒謬的題目，但前人提供的指引極少。究竟如何選取，究竟要遵行哪一種規條過日子，這些都是最艱難的決定；艱難到令我們陷入深刻的內省，掙扎不休。

有人認為，更開放的性別平等並未帶來相應的、性意識方面的公平實現。至於一般人所持的性議題觀念，仍導向男性（在高潮與慾望等等領域）的思維。很多人覺得性意識方面「解放」了，也曾試著實行很多事情，其規模之廣或許是美國歷史上未曾所見。雖說性壓抑還殘留不去，但問題往往不在於性壓抑，而在於其他層面。有些女性雖堅信探索性意識開放終將有所成，自己卻受困於內心的各種天人交戰：像是想要掌控歸屬感，或者，明明是讓她們傷心困擾的，她們卻強顏歡笑；或是以人云亦云的性感做為性感，卻忽視了自身真正的需求。OneTaste 的人想找一種模式，企圖在性意識開放這方面的達成更顯自然、更穩定的體驗；這樣的體驗來自內在慾望，而不是為了取悅他人而導致的焦慮。OneTaste 的模式很怪，不過，起碼他們相信這種存在的可能性。

性／愛未來式

網路色情片
INTERNET PORN

　　第一幅合法的性交插入圖像出現於一九六五年，刊登在 Private 雜誌上。試想，其後又是多少滄海桑田……，如今，二〇一〇年前後，「色情片」的定義就是：情節、表演、愛戀等等電影元素都極度精簡，精簡到只要能激發性慾就行，十分鐘，填入網頁上一個個小格子，依性趣分類編列索引，方便觀者欣賞。就色情片歷史而論，今日的成就很像垃圾填埋區一座座小山頂峰，上方有海鷗盤旋，垃圾山下方有推土機又翻又挖，挖出：馬丁尼酒杯、男士防煙塵便裝外套（smoking jacket）、電腦遊戲《皮短裙狐狸精》（*Leather Goddesses of Phobos*），甚至 alt.breast.net 之類的古老色情網站。不過是一眨眼的時間，你已用不著報上信用卡資料就能看到三具古銅色且精壯的猛男圍著一個女體，讓她背抵著搖曳生姿的棕櫚樹扭動；如今，你已能看到形似男子的女人，雙腿毛茸茸，乳頭穿了環，對著另一個綁起來的女子臉部做打手槍的動作；也許明天，你能看到據稱是渴望吞精的妖女，摸著正在插她、堅挺威猛的一條陰莖。當然，你或許根

本不看這東西。我們的文化裏面有這種抽象的概念：「色情片」一詞。有些人會認為指的是某些網站，或網路搜尋的關鍵詞，或是充滿肉慾的回憶。但其他人或許覺得：不知道是什麼，反正不是好東西，對他們而言很抽象，是黑暗中朦朧且閃爍不定的東西。

　　網路色情也弄得我好些朋友很焦慮。有些人極愛，每天必看。有些人覺得已遭操控難以脫身。還有人覺得，與網路色情相較之下，真實人生的經驗簡直就不足掛齒，像在模仿色情片，卻又徒有老套且乏味。大家都寧可回到往昔網路色情沒這麼普及的年代，或者泳池邊玩玩水，不那麼清晰，沒那麼驚險刺激就行。 一般來說，觀賞網路色情的男性多過女性。偶爾碰上認知上的不平衡，此一現實也造成各種苦惱，難免被人視為一種權力不平衡。此外，網路色情容易令人心生嫉恨，要不就令人難堪，或擔心伴侶究竟是真正為他或她所吸引，或只是因為他或她長得像網路色情片中的男女主角。而那些演員的髮色、膚色、罩杯尺寸若與枕邊人不同，就更叫人難受。還有，網路色情片的劇情喜歡衝撞禁忌，也可能隱含種族歧視或厭女的色彩。

　　如今我們難免這麼想：網路時代之前，性愛的確沒那麼複雜。往日色情片中對於情趣商品的行為我們一般人不至於仿效，與性事有關的聯想或圖像都較少見。但現在我們對性愛的期望與想像豐富多了：應該是怎麼樣

的性愛，會有幾個人一起玩，話要怎麼說，我們身體外觀應該如何，等等。

喜歡看網路色情片的人說過，那種想看的慾望，類似處理雜務瑣事中途突然想輕鬆一下，譬如想看看貓咪爬進箱子的短片。要不就像漫漫下午時分獨自進了小咖啡店，點一份蛋糕吃。滿足了突然興起的慾望，並幫你做足了自慰之前的暖身，鬆弛身心，或延長興奮狀態，或終至入睡。但色情片畢竟包含了五花八門各種選項，包括我們不想要、不愛看的。

Public Disgrace 是個網路色情片系列，廣告上自稱：「女人被人捆綁、脫光！當眾受罰！」創作者是舊金山一個色情片導演兼女帝，藝名叫：唐娜・朵樂公主。她的創作構思醞釀於二〇〇八年，亦即她任職於 Kink . com 影片公司的第四年。如今，她自己導演之外也參與演出，但通常不擔任主角。

她都找小窗戶（遮光方便），小空間（看起來人多）作為拍攝地點。戶外取景的話通常去歐洲，因當地公共猥褻行為的相關法條比較寬鬆。每次開拍之前，她都與女主角充分協調，確認有沒有哪些動作是她不願意的；並開立清單，列出女主角願意接受一般觀眾行為的分寸。有些女演員只接受鹹豬手，有些堅拒打屁股，有些接受手指插入，或讓人輕輕打幾下屁股。

唐娜公主的經驗不遜於樂團指揮，處理過種種複雜的情節、天馬行空的場景，包括：群體雜交、公開場所的交合，以及涉及暴力手段的性行為。她自己也說：這類場景「若能見於真實人生未免匪夷所思」。她身兼導演與演員之職，所起的作用是：異想天開於先，確保淋漓盡致於後。她也善於操弄人體。女演員信賴她，願意讓自己擴展生理上的局限。

Kink.com 網頁上列出了工作內容：「各種性行為：男性主導、女性順從；或同時順從於一個女性與一個男性聯手主導；捆綁、堵嘴、蒙面、撫弄、鞭打，並以按摩器達致高潮。」演員拍片四、五個鐘頭獲酬一一○○到一三○○美元之間；若有特定人士持有健康檢查證明，要求合拍一兩場戲的話，則另外加紅。

抵達舊金山後的幾個星期，去看了一次唐娜公主拍片。現場開放一般民眾參觀，並鼓勵他們積極參與。色情片行業講究新奇和花招，所以網路上招募來的現場觀眾限定一年只能來一次。雖說我把他們叫現場觀眾，他們其實就像臨時演員，扮演喧鬧粗野的窺淫狂。真正觀眾是電腦終端付了錢的人，他們付了錢在網路上觀賞唐娜公主的作品。

我去的那一次，拍戲現場是個酒吧，叫做

性／愛未來式

Showdown，位於一條橫街上，隔壁有一家賣越南三明治的小店，還有一家通常住了流浪漢的廉價旅館（「租金低價，日租週租均可」），街上到處是毒癮者和精神病患。我抵達之時，已有幾個人站在入口等候，包括一群青年男子，與一對三十多歲的異性戀男女。我們簽了免責聲明，出示了身份證，接著有個助理幫我們逐個拍大頭照，我們得拿著駕照貼近自己臉部讓她拍照。接著她給我們每人發了兩張飲料券，可以去吧台換領飲料，又說：「看看你們瘋成什麼樣子，我會再多發一兩張。」

當晚的演出者是個小巧玲瓏的金髮女郎，藝名佩霓（Penny Pax），居住在洛杉磯，為了拍片特地飛到舊金山來。她告訴唐娜公主：她啟蒙的幾部片子裏就有唐娜公主的出品。後來踏進了色情片產業，希望有機會擔綱主演。這次演出她有個心願：希望能有一幕讓唐娜公主意圖用手侵入她肛門。

酒吧房間狹小，令人想起昔日舊金山充斥勞工階級移民的年代。木造的吧台，上方懸掛老式的霧玻璃電燈。牆上掛了蘿拉・帕爾瑪（Laura Palmer）的彩色劇照（取自大衛・林區的電視劇《雙峰》）。旁邊是個靜止的鐘，本該有個鐘擺的空間原本是假鳥巢。後頭還有個房間，陰暗且格局方正，黑色壁紙上是兩張畫交替組成的：一是棲息於樹枝的兩隻鸚鵡，二是一只花瓶。戲組工人已經在我們頭頂上方裝配了燈光。

網路色情片

接著，唐娜公主由一小隊人馬簇擁抵達現場。她穿的是近乎真空包裝的黑色緊身短裙，把胸部襯得很顯眼。她身高五呎七吋，四肢纖細到幾乎令人心驚，這讓她看起來更高了些。她有棕色如小鹿斑比般那種大眼睛，眼影畫得繁複而仔細，配置了假睫毛（公司訂購量每次都數以百計）。褐色長髮束成高聳的馬尾，左肩上有個心臟圖案的紋身（即使從解剖學來看也正確無誤），右前臂內側也刺了草體字樣，刺的字是：爹地（Daddy）。她走進房間來，夾著人造皮的黑色皮包，從皮包裏露出一節短馬鞭。她用一雙皮革色的牛仔靴來搭配她的迷你短裙，讓她兩腿看起來像蒼鷺那麼修長。一周前我首次跟她會面的時候，曾見她頸部有個銀幣大小的瘀青，現在消失了。

她站在吧台前方掃視房間，男演員站她身邊（他有個迴文式的藝名：Ramon Nomar，倒過來拼寫完全一樣）。他指點著天花板上的幾個掛鉤和吧台上方的「茱麗葉式」的金屬露台。她點點頭，沒說話。然後他們進入後頭的房間。我找到製片助理凱蒂，問她女演員佩霓去了哪裏。凱蒂說：「她在靜坐，調適狀態。」

不久，音樂靜下來了（該公司有自己的音樂庫，均已取得使用權）。酒保脫掉格子棉布襯衫，拿掉領帶，突然只剩馬甲。唐娜公主出來，向已然薄醉的眾人發表

性／愛未來式

聲明。

　　她說：「要是有人覺得我們虐待或侮辱女演員，那是多慮了。她已經簽了同意書。」根據協議，現場眾人可以撫摸女演員，甚至手指可以侵入，但必須洗過手且仔細剪過指甲，現場備有指甲剪。唐娜公主說：「我會像老鷹一樣緊盯著你們，確保沒人在她陰部上玩得太卑鄙。可以在她胸部吐口水，但不能吐在臉上。可以拍她屁股，但不可以下重手。」接著她把助理凱蒂拉過來，「譬如就是她吧。」凱蒂聞言，聽令俯身，「要打她屁股的話，這個距離算是恰當。」唐娜公主做了幾個不至於超越分寸的拍打動作。

　　她又說，女演員拍完戲，身上不能有瘀痕，因為幾天之內還有其他戲要拍，因此說不定會下令禁止某些特定動作，確保女演員身上不留痕跡。

　　她「訓話」結束前，加了幾句「總之」：她這網站的宗旨，就是要看起來像自然發生的，「就像各位根本不知道我們要來」；又說禁止拍攝短片，手機拍照則無妨，最重要的是：「大家絕對不能視而不見！我會帶她進來，她掛個牌子，寫道『我很賤，我是騷貨』，各位該怎麼反應就怎麼反應。」隨後，她再一次強調現場備有指甲剪、銼刀，也要求眾人觸摸女演員之前得去盥洗室洗手。語畢，她退入後頭的房間。

過了幾分鐘，她與男女演員一起出現。女演員佩霓身材嬌小，僅五呎多些，天然的胸部豐滿傲人，皮膚白皙柔滑，短短的金髮是玉米穗黃，長度只到臉頰，眼睛是飽滿的樹莓藍色。她很漂亮，未經整形及整容，也不是人工曬出來的棕褐色，樣子就像傑西潘尼（JCPenney）百貨公司郵購目錄上的模特兒，穿了牛仔布迷你裙，白色高跟鞋，白色背心式上衣。唐娜公主上下打量她，隨即讓佩霓舉臂，手法靈巧脫掉她的背心上衣往下捲，又要她轉身，解開她白色胸罩往旁一丟，再從桌子底下的黑色帆布袋取出幾捆繩子，分別掂一掂，衡量長度與重量。同時，男演員拉蒙——怎麼說呢，只能說是眼神充滿愛慕——死盯著佩霓赤裸裸的胸部（隱約可見妊娠紋）。唐娜公主伸手裹住佩霓的乳房，打了一個看起來很複雜的繩結，繞緊且把乳房抬到胸罩的高度，這才給佩霓穿回白色背心上衣，隨即把佩霓雙手縛在背後。

　　唐娜公主查看自己的捆綁手法，同時把佩霓轉了身，說：「大家瞧瞧！妳真漂亮。」拉蒙靠過來，上下看著佩霓，就像廉價情色小說裏面那種肉食動物的專注與溫柔。他的手在佩霓背後撫摸全身，把她轉身，看她然後親她，嗅她的秀髮，接著手伸進她裙底撫摸，熱切地看著她的身體。這是他拍戲前的暖身活動。他原籍西班牙，口音很明顯，不怎麼愛笑。他穿貼身的黑色 T 恤、顯出優美的胸肌線條，黑色長褲及黑色戰鬥靴。他只略高於

六英呎，棕褐色肌膚，體型就像個西班牙版的布鲁斯·威利。這一對真是金童玉女。唐娜公主掛起一幅告示牌，還真的是寫著「我很賤，我是騷貨」，掛在佩霓脖子上，接著抓住佩霓頭髮把她帶出門外。

此時攝影機已開始錄影。我們紛紛換取飲料來喝，酒吧人很多，多半是男性。我粗略分成兩種人：一種是不在乎醜態畢露毫不掩飾慾望的；另一種是怯生生擔心觸犯禁忌褻瀆了女性。在場女性不多；有的跟男朋友一起來，其他的是兩女成對一起來。唐娜公主把牛仔靴換成人造皮革高跟鞋，進門來，臉上是掌控大局的神色。她與拉蒙分別站在佩霓兩邊。佩霓的眼神楚楚可憐，看著即將駕馭她的那高大男人。

唐娜公主下令：「妳跟大家說，你在這裏幹啥。」現場眾人此時盤踞在吧台喝酒，聞言紛紛做驚訝狀。佩霓說：「我賤！我騷貨！」此時拉蒙用了一點專業摔角技巧，架著佩霓頸部把她移坐到吧台上，跟唐娜公主一起動手，把雞尾酒紙巾塞進佩霓嘴巴，輪流掌摑佩霓、打耳光，或打她胸部。又脫掉佩霓那件潔白無瑕的背心上衣。繩綁太緊，乳房顯得很腫脹，像是會痛的樣子。

唐娜公主問道：「有誰想要摸一摸這個騷貨？」眾人應聲而上，拍她打她，撥弄，打屁股。唐娜公主從她的隨身包（那一根狀似不懷好意的短馬鞭還露在那裏）

拿出一隻劈劈啪啪響的電棒，在佩霓身上電擊。拉蒙把佩霓身上殘餘的衣服全部卸除，接著脫他自己的腰帶，輕輕地鞭打佩霓。此時佩霓已被制服在地上。

唐娜公主催逼道：「妳不是朝思夜想，要在這種地方拍戲？沒想清楚就跑來了嗎？」她又環視四周，叫道：「她誰呀？你們都知道的。她叫什麼名字？」

眾人齊聲吼道：「她是騷貨！」

於是她又問：「有哪位美女想來抓抓她奶子？」現場有個女子上前摸了。此時拉蒙脫掉長褲，戰鬥靴不脫，左右腳輪流金雞獨立。他沒穿內褲，陽具看起來像一截棕櫚樹的樹幹。現場眾人嘩然喝彩。

拉蒙抱起佩霓，把她抵著吧台開始動作。同時，眾人還在撫弄佩霓乳房。佩霓嘴裏還給塞著，眼睛瞪得大大地，睫毛膏化成小河順著臉頰流下。她要的話，她可以出聲或以動作示意隨時喊停，但她沒示意。突然間，唐娜公主喊停，一邊解除佩霓胸部的繩綁，一邊指向右乳，說：「各位，我要宣布，這邊的奶子不准再亂搞了。」的確此時右乳已有紅斑。接下來，繼續拍戲。

只見拉蒙虎背熊腰把佩霓掛在他身上，繞著房間走。眾人尾隨推擠，爭相找到最佳視界。拉蒙很壯，單臂足以抱著佩霓走動，另一手臂還揮舞著電棒。有個男子叫

道：「我要我要！」拉蒙聞言翻白眼，還是給那人來了一下，節奏仍然不亂。那男子叫道：「哎呀！」表情很痛。其後拉蒙幫佩霓卸除了嘴塞，引導她幫他口交，他甚至繼續深入，把佩霓嘴巴塞得幾乎是假戲真做地窒息狀態。唐娜公主站一旁，有時打耳光，有時用電棒，畢竟是加入了戰團，還用她雙手讓佩霓「射」了。眾人又是喝彩聲。過了十五或二十分鐘，唐娜公主宣布小小休息一下。

拉蒙中止演出的表情像緊急剎車，仰頭看天花板，神情專注，超緊繃。佩霓躺在地板上，讓拉蒙把她拉起來，坐到吧台上。拉蒙跟唐娜公主動作都很溫柔，幫佩霓把臉部的頭髮往後順，用濕紙巾幫她擦臉，除去從地板沾來的污垢。唐娜公主就像拳擊賽中的訓練師，幫佩霓除掉假睫毛，給她水瓶，親吻她臉頰。現場眾人原本都依照要求不斷穢言穢語，此時出現緩一口氣的空檔，卻似侷促不安。

有個大聲公狂熱份子不斷大聲吼：「妳是騷貨」，「妳好美！我想帶妳去見我老媽！」。拉蒙吩咐要飲料，酒保問他哪一種飲料，拉蒙說汽水。那大聲公男子又叫道：「色情片男主角！點的竟然是汽水！」

接著繼續拍片。一個現場女性（身上紋身又密又重，穿迷你裙，上身是刻意破爛的T恤，圖案是一雙枯骨的手橫抱在她自己胸部）率先摸了佩霓的身體。其後大致

就是這一類的局面，持續了一個多小時。椅子東倒西歪，飲料灑在地板上，酒保此時已經脫掉馬甲，赤裸著上身。眾人都喝醉了，很興奮，雖然還是有一點放不開，但沒太過放肆。大聲公男子又叫道：「把那騷貨嗆死吧！」接著卻又補上一句：「抱歉。」

　　唐娜公主覺得該讓氣氛冷下來了。她說：「好啦，各位，我們場面還沒結束呢。」眾人又是一陣歡呼。接著關機。拉蒙把佩霓擺在桌子上動作，用的是傳統男上女下「傳教士」的姿勢。他快高潮的時候，點了點頭，把佩霓放到地上，自己手淫，最後射在她臉上。現場眾人又響起鼓掌歡呼聲。

　　男女演員都得休息，拉蒙的工作已經完畢，此時房內眾人眼神都集中佩霓身上。拉蒙脫下汗水濕透了的T恤，往房間角落一丟，退到酒吧內的暗處，除了腳上那雙戰鬥靴之外仍是全身赤裸。他的姿態就像剛剛衝過終點線的長跑手，雙臂揮舞著圓圈，用手臂抹掉臉部汗水，呼吸又深又長。但已經沒人理他了。

　　他終於恢復常態，泰然自若的擦乾身子，穿回黑色牛仔褲。同時，佩霓坐一張椅子上休息，小口喝水，樣子有些拘謹，但容光煥發。我來到位於吧台的唐娜公主身邊，問她接下來做什麼。她說：「我要將拳頭放進她屁股。她從來沒這麼玩過，想試一試。」

性／愛未來式

她讓佩霓在一張桌子上坐好，備好了日立牌按摩器和潤滑油。她宣布：「我需要充分的空間，我的手要放進她的洞。」眾人聞言肅然，都退了一步。及至唐娜公主完成任務，眾人齊聲喊道：「潮吹！潮吹！潮吹！」佩霓竟然也就噴了。我從房間角落看著這一切，站在拉蒙身邊。此時他圍了一條毛巾在古銅色的頸上喝著啤酒。

拍片已近尾聲。唐娜公主與拉蒙一起把佩霓移回吧台，把佩霓手腕綁在金屬露台上。唐娜公主在角落忙著，小心翼翼用消毒紙巾擦拭啤酒瓶的瓶口。這就是當晚最後一場戲了：佩霓手腕受縛，吊綁在露台金屬欄杆上，現場眾人有幾個上前，拿啤酒瓶插她。拉蒙此時上身赤裸，下身是牛仔褲，拿電棒隨意在自己胸肌上橫拍兩三下，也伸出去在佩霓舌頭上電擊幾下。接著拍片結束。拉蒙此時表現了溫柔的風度，伸開長臂，輕而易舉抱起小巧玲瓏的女主角離去。

Kink 製片公司每次拍片前後都為女演員做專訪。這是一種逐步解說的技巧，提醒看片的觀眾（要是觀眾從頭看到尾）：劇情都在完全掌控之下進行，演員行為均為自願，而且演員已恢復常態。（Kink 網站並未發表觀眾層統計數字，但相關研究顯示：付費觀賞色情片的觀眾九成五是男性。）佩霓回來後，做拍片後的專訪。她戴了粉紅色眼鏡，裹著灰色浴袍，腳穿毛茸茸的雪靴，

網路色情片

渲染的睫毛膏，整體讓她看起來像個正要上洗手間的大學女生。唐娜公主在佩霓浴袍上擺弄，好露出胸部春色。除此之外，這一段訪談其實跟一般球星的賽後訪談一樣：乏味。

　　唐娜公主：妳今天晚上的拍戲開心嗎，佩霓？

　　佩霓：我覺得很愉快，太精彩了，好熱鬧。

　　提問觀眾甲：我好想待會兒帶妳去吃午飯。

　　提問觀眾乙：妳眼睛好漂亮！

　　唐娜公主：請妳說說，妳最喜歡是哪些片段。

　　佩霓：也許是，呃，被所有人摸，其實不知道究竟多少雙手，或摸我的是誰……然後是……我也不曉得。妳有沒有把拳頭弄進我屁股？

　　唐娜公主：有。

　　佩霓：太好了，好刺激。耶！我好想看片，迫不及待。

　　唐娜公主：沒錯。太帥了！各位我們為拳頭放進屁股鼓掌！

　　〔眾人鼓掌。〕

　　唐娜公主：妳似乎說過，妳從來沒像今天這樣潮吹？

　　佩霓：沒錯，滿好笑的吧。妳怎麼弄的？

　　唐娜公主：魔術手指。很多年的功夫啦。

　　佩霓：是的是的，太奇妙了。

　　唐娜公主：妳覺得，哪些場面最吃力？

　　佩霓：呃，大概是，妳的手弄進我屁股那時候？那很有得受。我覺得好脹，好滿。

唐娜公主：若是分成一到十的等級，拍片結束那一刻，妳覺得是哪一等的快樂？

佩霓：十一！

﹝眾人鼓掌，吹口哨。﹞

唐娜公主：那麼，可以說妳會回來拍新片嗎？

佩霓：我會。

唐娜公主：妳要不要沖澡？

﹝佩霓點點頭。﹞

唐娜公主：那麼我們讓妳沖澡吧。

現場一男子：給她來一場黃金雨。

現場一女子：我也可以嗎？

訪談結束了。佩霓與我一起退到吧台後面的階梯區。她說她二十三歲。我問她是否十八歲就入行。她說她倒希望是，她入行才六個月，原本在佛羅里達州勞德岱堡當救生員，日子很無趣。她來到加州聖費南多谷地不久，便碰上了這一行的翹楚：馬克・史匹柏（Mark Spiegler）的說明會。據我所知，此人出名的是因為他代理的旗下演員都不想像傻瓜一樣任人擺佈，而且願意拍肛交戲。佩霓不是傻瓜。我問了她拍片的情況，她的感受。

她說：「一開始有些不舒服，肛交那一部分⋯⋯」（她說的應該是拍片前段的那場戲：拉蒙跳上吧台，往佩霓嘴裏塞進一顆檸檬，然後弄她肛門。現場有人叫道「你瞧瞧那個下半身！」佩霓做了個無聲的示意要求慢下來，

０９９

網路色情片

唐娜公主立刻靠過去，給她塗了大量潤滑劑。）「不過我很快暖身完成，接下來就沒什麼不舒服的了。」我始終覺得不可思議，問道是否真的在哪個階段感受到樂趣。她看著我的眼神，好像我是神經病：「有呀，從頭到尾，整個過程都是。」但她道歉，說她沒表達清楚，還在迷迷糊糊。她說：「我們把這叫做『暈雞』（dick drunk）；我現在還有一點感覺，因為實在太美妙。」她看著我，問道：「妳想不想試試看？」我想：有沒有這樣的世界、這樣的空間，讓我覺得毫無拘束，敢做她剛剛做過的那一切？沒有。不可能。

我與唐娜公主、佩霓、拉蒙同車，坐一輛廂型車回到舊金山教會區。佩霓與拉蒙都在一處堡壘式房子過夜，那房子已經成為地標，摩爾人風格的建築物，也是這家色情片公司的基地。他們本來是為當地主流色情片公司拍片，但喜歡到舊金山來接拍這種戀物癖類型的片子。拉蒙感嘆道：明天到洛杉磯給新感覺（New Sensations）公司拍的片子，甚至連他去扯女演員頭髮都要囉嗦。

佩霓解釋說：「在洛杉磯拍片，通常不會要你捆綁，或根本沒有激烈動作。好像就只有，呃，三種姿勢吧。我們把那叫做現場參與類型（gonzo）的風格，都超快的。我拍那種場面通常不會到高潮。在 Kink 這裏拍的話，卻像是『來了來了，妳就要到了』。」聽起來，我覺得就他們演員而言，多拍些極端風格的色情片就像是原教旨

派；作品的價值在同行眼中最是耀眼，而所獲榮耀遠比主流的推崇更有意義。

其後幾個星期，我一路看著唐娜公主在好幾部片子裏又導又演。看她在女子競速滑輪攻守賽（roller-derby）主題電影《打炮機器》（*Fucking Machines*）系列演出，片中她揮舞著改裝過的巨型假陽具電鑽。我也看她為導演一部新劇《終極投降者》（*Ultimate Surrender*）系列而受訓。那是女女摔角賽：三回合，每回合八分鐘，兩女對戰，目標是壓制對方之後恣意侵犯，壓制時間越長越好，到了第四回合，勝者戴上假陽具，玩弄敗者。那是公司熱門產品之一，有時候會在現場觀眾面前直接錄影拍片。唐娜公主還導演一個《捆綁車輪戰》（*Bound Gangbangs*）系列，其中一次拍片她心血來潮，叫所有男演員都扮成熊貓。

看著這麼多創意豐富而誇張的製片，我只能瞠目結舌。早年或許還可以談談你我對色情片是贊成或反對。但這種議題：是否該讓色情片盡量遠離公眾或禁止出現？從二〇〇五年以來，或許還更早，就已經沒多大意思了。如今，一個人在家打幾個關鍵詞就什麼都看得到的年代，這種議題已經沒什麼意義。民主社會裏，提倡在網路上審查禁制色情片根本行不通。誰都可以清清楚楚列細項，列出你所反對的猥褻手勢。但若要分析哪一種性行為「好」、哪一種「不好」，歷史上我們都看到了，結果

就是導致禁止同性戀、跨種族、跨性別、雙性戀，以及節育和家庭計劃的各種論述。並非所有的色情片都像這家公司的類型，但你若能看到免費色情片，你看得到的不外乎模擬暴力、以及對女性公開羞辱的性行為情節。你可以不看，但你身邊周圍有人看、其他人也看，你還是躲不掉他們給你帶來的焦慮。你若給自己設下禁令，拒斥色情片，你其實是拒絕了有關人類史上性幻想、視野最廣的影片寶庫，此類資料或多或少還是有其價值。

我自己這一陣子都沒跟男人睡覺。即使有，也絕不會像這摩爾城堡裏的種種花俏。這些男演員更像運動員、特技演員，而女演員施展接近酷刑的高難動作。有一點我很欣賞：動靜之間的泰然自若，舉手投足的安適自得。還有，他們面對外界譴責之際所表現的團結感和充分的自信。這一切特質我都沒有，那時的我，因孤身一人而極感沮喪，覺得應該禁絕性愛，直到再度墜入情網，才可揮別孤寂之苦。結果，卻是困於今天來看似乎毫無意義的長期禁慾狀態。

來這裏拍片的女人各有個人因素。芭比‧星星（Bobbi Starr），二十九歲，曾獲「二〇一二年成人片新聞最佳女主角獎」，來自加州聖荷西，出身於五旬節教派家庭，讀中學之前一直在家上課。她曾受游泳訓練，參賽青少年奧運會，曾獲獎學金到聖荷西大學修習音樂。第一次看色情片的時候她二十二歲，就業於古典音樂圈。當時

性／愛未來式

她跟男性朋友一起看片，朋友很驚訝她對這種影片毫無所知。她看了好幾部影片，其中一部叫做《水煙騷臀寶貝》（*Bong Water Butt Babes*），沒什麼特別值得介紹的，除了一點很特別：臥室場景覆蓋了好幾層塑膠布。她看得如醉如痴，便應徵拍片。她給倒吊起來，在大水箱裏面遭到性侵和虐待（都過關了）便隨即簽約；馬克·史匹柏擔任她的經紀人，她也遷居洛杉磯。

蘿瑞蕾·李（Lorelei Lee），十九歲，來自聖地亞哥。高中畢業不久，男朋友跟她講起有這麼個網站名叫：社交女大生。於是她身穿聖塔芭芭拉加州大學運動衫，坐衝浪板上、橫躺洗衣機上、坐書桌上，高舉美腿拍了些照片，還做了錄音、附上照片。那是一九九九年的事情。她心想：反正沒人會看到，網路而已嘛。她拍照的動機是賺錢。但那次拍照她自知：不是只為錢而已，因為「很刺激」。她拿拍片收入讀完大學，主修創意寫作，獲藝術創作碩士學位，而且就在這家色情片公司認識她後來的丈夫，當時他當導演。

接著是瑞·笛葛瑞（Rain DeGrey）。她形容自己是「每天二十四小時全年無休的情趣癖者」，兼「泛性愛戀者（pansexual）」。長年以來她不敢讓她的伴侶知道，甚至內心也不敢自己承認一件事：捆綁、鞭打，都令她慾念高漲。她知道，即使灣區這種地方還是會有人批評她。但她終究出櫃了，承認自己的「小小變態」（kinky）。

有一天她在「地方上的古堡地牢」（舊金山的堡壘俱樂部）讓朋友捆綁鞭打，吸引旁人建議她可以朝向專業路線前進。

唐娜公主在沙加緬度長大，父母親都在醫界工作。她讀紐約大學，選了一門講性別與性慾的課，進而閱讀西蒙波娃與朱迪斯·巴特勒（Judith Butler）的書，並認識了她第一個女朋友。某次她放假返家，進了沙加緬度一家脫衣舞店，便想自己試試看。有個朋友講起正在幫一個捆綁調教（BDSM）網站 Insex 拍照當模特兒且可獲取酬勞。唐娜公主心想，這她應該也可以。

Insex 創立於一九九七年，創辦人布倫特·斯科特（Brent Scott）原是卡內基美隆大學教授，化名「PD」，在影片中自任訓練員、捆綁員、支配者等等角色，那是網路最早期的捆綁調教色情片網站之一，在寬頻時代來臨之前就供應現場播出，觀眾可以與女演員互動，並經由聊天室功能給予指示。唐娜公主原先在片中演出，接著升遷為施刑手，後來聽說公司內部「電擊蜜穴」（Wired Pussy）戀物癖部門有導演缺，便遞出履歷應徵並獲錄取，於二〇〇四年（她二十二歲）遷居舊金山。

有人說 Kink 的片子不算「血統純正」。一般人也認為該公司產品有異於聖費南多谷地的色情片行業，因為該公司位處北加州，導演和演員多來自舊金山那詭異的

色情片氛圍，也因為該公司刻意與這一行給人的印象（剝削、糟蹋、下層社會的行頭）有所區隔。同時，Kink 自詡並非一般概念的科技公司，是這科技公司之城的一份子。它也為全職員工提供退休金制度、健康保險、外面送進來的午餐便當。聖費南多谷地的色情片公司多半懶得向觀眾聲明影片內容是演員自願的演出，但 Kink 的片頭常有長達十五分鐘的後台短片，為觀眾揭開神秘面紗，是真實紀錄片，不是電視摔角大賽那種以假亂真。Kink 強調演員真刀真槍，要的是真實的高潮，也遵循安全至上的原則。那是舊金山捆綁調教色情片行業奉行多年的行規。該公司購入潤滑劑是以桶計量大批購入，公司地下室還見得到原裝藍色塑膠大桶。在這個演員承擔生理與心理風險的行業，該公司盡量為觀賞色情影片的觀眾奉上一顆純淨的良心。但這樣還不見得能夠面面俱到：二○一四、二○一五年總共有四件官司，指控該公司未能保障拍片現場的衛生與安全，提告者包括一對男女演員（兩人在真實生活中是伴侶關係），說是在唐娜公主的公眾玷污（Public Disgrace）系列中感染 HIV。該公司已否認這些指控，官司迄今還沒解決。

該公司宣稱「解開另類慾望的謎團」，其以女性為中心的電影情節（譬如：綁縛車輪戰系列影片，廣告詞強調的是「女性探索自身最黑暗的幻想」）似乎也表現了一件事：該公司很多演員出自好家庭，或有大學學位，但並非人人都有父母的諒解，或能夠引用後結構主義學者

（譬如朱迪斯・巴特勒）之論述來說明自身慾望的內涵。我問了女演員艾希莉・歐瑞恩（Ashli Orion）為何紋身字樣寫的是「槍殺法蘭克」（*Shoot Frank*），她邊說邊笑：「我老爸就叫做法蘭克。我對我老頭有心結，恨死他了。不過，這也來自電影《槍殺法蘭克》，起碼我跟人家是這麼講的。很少人知道我老爸名叫法蘭克。」

但我沒往下問。前文提到的女演員蘿瑞蕾・李童年很快樂，曾說（用著滿臉倦容經常向他人解釋的那種表情）：「色情片演員整體來看，很多人跟自己家裏人不親，或許，多多少少讓他們容易去做些被人瞧不起的行業。沒人幫你立下規矩的話，你得為自己訂定規矩。」

Kink 的色情片讓你思考何謂規矩。尤其是「循規蹈矩」這種人的性幻想，究竟會有什麼樣子的規矩。法律規範下的規矩是一回事，你給自己立下什麼規矩又是另一回事。有些事你刻意避開，並不是你知道不喜歡那麼做，而是你不想去喜歡。我從未對著電腦上的色情片自慰。我對我的電腦的聯想就只有：工作、枯燥以及失魂落魄。我對色情片的聯想是：男人扣著女人下巴，要她看向他這邊，也許打她耳光，以免她昏迷。或是像以「騷貨喜歡吞精」為招攬的廣告片。我還跟朋友探討過，列出了我不看色情片的其他因素，包括：我覺得「對著」某個什麼東西自慰是一種男性特有的性意識表達。我也經常倡言，認為能夠刺激女性的不是圖像，而是難以啟

性／愛未來式

齒的姿態動作，甚至嗅覺。

二〇一五年的 Porn Hub 色情片網站點擊數是二百一十二億次。數據分析顯示其中大約百分之二十四是女性；百分之七十六是男性。很多論述探討為何那麼多女性不愛看色情片。大致上是三種論調：

一、女性看片人數遠遠少於男性，因為那種畫面女性不愛。

二、女性並非生理上「先天設定」對視覺刺激做反應，較喜歡看小說或聽故事來聯想。

三、女性因文化制約，進而產生壓抑性心理。

可是不對呀。

一、可供選看的畫面圖像其實很多。

二、以生物本能表現對色情片的好惡，比起在《嬌小少女被抓進廂型車打炮》、《女兒被繼父玩弄》這類片子之間跌跌撞撞容易些。

三、我不願意點擊進去看「重口味的兩女性交」連結，並不表示我壓抑。

於是我不免回想起我當初如何給自己立下規矩。

想當年，一九七二，《深喉嚨》（*Deep Throat*）面世，是第一部（恐怕也是最後一部）有那麼多美國女性觀眾的色情片。拍片只花了兩萬五千美元，門票收入卻以千萬美元計。它也像是個遺跡，怪誕不經，來自人類歷史上極不尋常的一個時代，當時一般美國人已能容忍色情

片所涉及的宗教禁忌，女性主義呼聲則方興未艾。《時代》雜誌與《新聞周刊》都曾以該片女主角琳達‧蘿芙蕾斯（Linda Lovelace）當封面，主流報刊包括《紐約時報》發表了影評。甚至女性主義刊物《別趴在我們背上》（*Off Our Backs*）也找了克莉絲汀‧斯坦賽爾（Christine Stansell）（當時是紐約大學研究生，後來成為歷史學者）寫評論。

她跟一個男性朋友看了試片，事後在影評中寫道：「片中未見我本以為會出現的男性虐待狂，或抹殺女人性意識的畫面。但是，理性上我雖能理解這種貶抑的質地，卻無法幫我逃過本片最了不起的成就：它把我給嚇傻了。」該片播映之際，大部分時間她都躲在女洗手間內，「想盡量抹掉那一切女性主義烈士的餘味」。她結論道，《深喉嚨》顯出美國社會的病態：「我們的文化，從性行為中抽乾了感情，從人體中榨乾了感覺，整個變成餐包夾熱狗的那種貨色。」過了不久，對色情電影的道德抗議波瀾再起，從女性主義的視角找到了著力點。

反色情電影的女性主義運動始於對女性施用暴力的劇情。運動中譴責的對象是一部殺人狂電影《鼻煙》（*Snuff*），說片中出現真正強暴了一個女人、並予肢解的畫面（均非事實）。一年後，更多女性加入抗議行列，導火線是洛杉磯日落大道上的《滾石》雜誌廣告牌：有個身上瘀青的女郎給綁在椅子上，旁邊寫道：「我被《滾

石》搞得瘀青（Black and Blue，滾石樂隊的唱片專輯名），可是我爽死了。」這一類圖像讓女性覺得低人一等。女性主義者提出一份字彙表為例以示不滿，譬如：「剝削」、「物化」、「厭女症」、「降格」等等，顯示了那一類形象與結構性的不平等和暴力互為呼應。今天要是叫我說說一九七八年《好色客》雜誌封面上把一條女人大腿送進絞肉機的圖像是個什麼毛病，我會用女性主義的詞彙語言來論述：對女人施用暴力，是父權體制的掌控工具，而其商業化剝削不僅暴露了對於女性壓迫仍存在，也暴露了它內在的意識形態。

　　此一運動先是抵制暴力圖像，轉為抵制具有暴力意涵的色情片。正如安德里亞・德沃金（Andrea Dworkin）所寫的：色情片「制約了、訓練了、教育了、激發了男人去鄙視，利用且傷害女性。」蘇珊・伯朗米勒（Susan Brownmiller）則稱色情出版品是「反女性宣傳的精髓」。女性主義者更深入剖析此類模擬性行為的體系，提出清晰的指控：女性穿兔子裝散發了貶低或奴化意味。她們也正式宣告男人：辦公室女同事不是來讓你毛手毛腳的。所謂女人喉嚨也有個陰蒂的謠言，更純粹是男人自爽的幻想。

　　蘇珊・伯朗米勒於一九七五年寫道：「色情出版品就像強暴一樣，創意純屬男性所構想出，用來糟蹋女性的人格，把女性降低到只是性行為及其企圖的受體，而不

是從道德或父母親的抑制之下解放性意識。」一九七八年，第一次女性主義反色情出版品大會在舊金山舉行，遊行隊伍走到百老匯大道上的色情商品店集中區。抗議隊伍高舉招牌，除了色情照片的圖像之外，也有新娘雕像，由數十支蠟燭簇擁著，還有一具小羊屍體，屍身與羊毛都沾滿鮮血。據《別趴在我們背上》雜誌說，其中意念是暴露這個主題：以「聖母—妓女情結」為詞遂行壓迫女性之實。

　　接著是走法律途徑。一九八〇年，《深喉嚨》女主角琳達·蘿芙蕾斯以本名琳達·波曼（Linda Boreman）發表回憶錄。自稱參與拍色情電影乃是出於恐懼，若不從命則遭其夫查克·崔諾（Chuck Traynor）施暴。一年後她也出席彌斯委員會（Meese Commission，由雷根總統針對色情業問題下令組成）的聽證會，說：「大家每次看那齣電影，無異於看著我遭受強暴。」反色情產品的女性主義者：安德里亞·德沃金、凱瑟琳·麥金農（Catherine MacKinnon）、葛蘿瑞雅·史泰安（Gloria Steinem）等人都前來聲援，研究法律訴訟的可行性，但訴訟時效已過。於是，一九八三年，上述女性主義者，德沃金、麥金農兩人（都在明尼蘇達大學任教）草擬了她們所說的《反色情民權示範條例》，從法理上主張「色情片是一種性歧視」。在明尼阿波利斯，反色情的女性主義者攻進情趣商店，包圍了瀏覽貨架的男客，而後將此一條例成功送進市議會，並獲市議會表決通過，卻為市長所否決，

理由是侵犯了美國憲法第一修正案。同一條例有個版本在印第安納波里斯市成功通過了，卻被法院判定確實違反憲法第一修正案。女性主義對色情的法律挑戰就此偃旗息鼓。

如今，由於色情業已獲大勝，反色情的女性主義被人視之落敗。但我得說：不對！在影片產品盛行的年代，女性主義反色情運動在遏制色情片方面或許能做的不多，但深深影響了一部分人，尤其是一部分女性如何看待自己觀賞的影片。麥金農所說的「色情片是信念，強暴是實施。」這句話雖過於順口，有以偏概全之嫌，但其中概念在世人心目中的確逐漸成形。色情片形成信念，對於性意識開展具有負面作用。而女性主義反色情的激進理念逐步滲透大眾文化，所形成的種種道德思辨，使得社會自由主義者也可以接受。那也是我所繼承的觀念，讓我對色情心生警惕，亦即：色情片是以激發男性慾望而拍的，因此極少反映正面的女性慾望經驗，以及物化了、族群化了女性身體，甚至宣揚了性暴力。然而，早先女性主義者注意到色情片行業的時候，對於拍色情片的女人卻有一種與女性主義矛盾的想法，認為她們在這種剝削女性的行為中，其實是下意識的同謀。但色情片演員往往是被害人：她們有童年性侵的傷痕，或是遭卑鄙男性推入這行業，要不就是染有毒癮或藥癮。這一切，色情片女演員都看在眼裏。一九七八年《女士》（*Ms.*）雜誌社在紐約舉辦了色情產物討論會，卻未邀請該行業任何人

出席。色情片明星格洛麗亞・倫納德（Gloria Leonard）、安妮・史普玲克（Annie Sprinkle）、瑪琳・威樂比（Marlene Willoughby）等人在會場外面舉牌抗議，牌子上寫道：「我不是女囚犯」，「《女士》雜誌也在剝削！」有一張海報上是《女士》雜誌某期封面，封面標題寫的是：「情色？色情？你說得上來差別在哪？」

但女性主義的反色情運動產生了另一個問題：「女性主義者」的性慾長什麼樣子呢？要是有個女性主義者觀看《深喉嚨》而春心大動，會不會因此損害她的未來利益？色情刊物或色情片指的是：藉由美感或情感刺激，意圖引發性反應。因此，「色情刊物」或「色情片」的定義是非常主觀的。能讓某甲有反應的，在某乙或許只覺厭惡或乏味。 如果說「色情」出自雄性本色，是「性別歧視之舉」，那麼「女性」的性慾望是否因此無法視覺化呢？女性抗拒呈現，抗拒明白且仔細的敘述嗎？過不久，女性主義又出現一派打出「支持性愛」或「積極的性愛」等旗號，試圖解答上述問題。一九七九年，艾倫・威莉絲（Ellen Willis）在《村聲》（*Village Voice*）雜誌撰文，題為《女性主義，道德，與色情》，寫道：「我第一次聽說了女性主義運動在反色情，我楞住了。」

「由於明顯的政治與文化因素，幾乎所有色情都具有性歧視意味，因為它來自男性的想像且針對男性市場。女性不容易在有自覺的情況下對它發生興趣且沉溺其中，

或認為被它挑起慾念。但若以為女性對色情毫無感覺來說，他顯然沒看過一大票女孩子情竇初開狂看廉價言情小說的神情。多年來我也享受過幾種不同的色情物品，其中有些是曼哈頓四十二街那種廉價小開本的言情小說。我認識的女性很多也這樣，比起真實人生，沉迷於幻想可進可退，畢竟容易多了。而且女人為了求生存，也學到為了自己的目的而嫻熟地形塑男人的性幻想。女性主義如果視色情為敵，結果便是讓很多女性為本身慾念覺得羞慚，怯於誠實看待。但女性最不想見到的，就是有關性慾的羞慚感、罪惡感、矯飾。今天，卻有人以女性主義之名拿這些東西出來說。」

　　她也批評反色情女性主義試圖以「色情」（pornography）（不利於女性）與「情色（erotica）」（對女性是好事）分類。她認為，這種二分法終將轉化為：「挑起我慾望的是情色；挑起你慾望的是色情。」在這些早期反色情女性主義中，出現一種模式，亦即被視為「女性主義」的性愛逐漸脫離具體的生理行為描述。安德里亞・德沃金所著《性交物語》（*Intercourse*）一書便是很極端且迄今仍頗具影響力的例子。她說：女性要的是「較和緩且溫柔的性感應，涵蓋了全身，加上多層面的柔情蜜意」。她也引述了其他戰友的看法，描繪了未來性愛的其中一種可能性：沒有抽插行為，這樣的話，性愛就會像「一道溪流交匯了另一道溪流」，「比較像是共享溫存的兩人躺在一起」。

其他女性主義者也自製色情產品，來對付上述女性主義者色情產物。在《別趴在我們背上》雜誌上出現反色情論戰後，有些女性主義者於一九八四年出版一本雜誌，叫做《來趴在我們背上》（On Our Backs），號召「為色膽包天的蕾絲邊找樂子」，而且很快從印刷形式延伸，出版了色情錄影帶《蛇蠍美人》（Fatale）系列，對象是女同性戀者市場。有一種直接反擊，來自曾在色情片行業工作多年的女性：演講，接受訪談或寫作，談她們這個行業的經驗，針對所謂的剝削現身說法，也自導自演拍片。雖說《深喉嚨》女主角琳達・蘿芙蕾斯已是全美國色情片悲劇受害人的原型，但金色年代（Golden Age）電影公司女星的個人經驗不見得都類似蘿芙蕾斯所述經歷。有些人是因反文化的理想而走上這一行；有些則僅屬人生意外。

譬如安妮・史普玲克進這一行只因有過嬉皮年歲的青春期。十七歲那年她離開亞利桑那州奧拉克爾的藝術家公社，在色情按摩店找到接電話的工作，隨後自己下海按摩，有時候陪客人睡一覺。那是一九七三年的事情，她的性觀點很嬉皮，亦即性交是上天所賜的豐裕，應該愉悅共享。

她後來與《深喉嚨》導演吉拉德・達米安諾（Gerard Damiano）有了一段情（他們是在達米安諾到圖桑市為一

件色情官司出庭認識的），其後遷居紐約，在曼哈頓一家三溫暖找到工作，然後有了拍色情片的機會。她本名艾倫·史坦伯格（Ellen Steinberg），但以安妮·史普玲克為藝名，第一次當主角的片子名叫《偏離少年》。

此刻她芳齡十八，胸脯豐滿且留褐色短髮，笑起來尤其動人。她的演出帶有嬉皮歲月的瀟灑，其中還帶著冷面笑匠的味道。一九七〇年代她逐漸成名，因為她願意嘗試各種引人爭議的動作：在男人身上小便、手上塗了人造奶油對男人施以肛交，甚至對著男人嘔吐（後來她說用的是罐頭湯）。她也曾演出或許是色情片首見的陰蒂穿洞（而她還抓著對方的手）表演。她參與一百多部男人執導的片子之後自己當了導演，拍了《深入安妮·史普玲克》（*Deep Inside Annie Sprinkle*），是一九八二年票房總收入高居第二的 X 級劇情片。

一九八三年，她主持一個互助團體，協助已離開這行業的演員。團體成員包括：她自己、葛蘿莉亞·蕾娜（Gloria Leonard）、維羅尼卡·薇拉（Veronica Vera）、坎荻德·羅雅爾（Candida Royalle）、珍·漢彌敦（Jane Hamilton, 曾以 Veronica Hart 為藝名）等人。這團體取名「九〇聯誼會」，源於史普玲克當年住曼哈頓萊克星頓大道的地址。她們五人後來都把各自在色情片行業的經驗擴展到其他領域。薇拉創辦了變裝（易裝癖）學院，全名是「薇拉小姐為『想當女孩子的』男童設立的儀態學

校」（Miss Vera's Finishing School for Boys Who Want to Be Girls）；蕾娜是「自由言論聯盟」（擁護色情片行業應享有憲法第一修正案權益）第一屆會長；漢彌敦繼續擔任色情片導演，後來並成為南加州 VCA 製片公司高級主管。羅雅爾則於一九八四年出版女子（Femme）系列（針對女性和一般男女伴侶的錄影帶）。

史普玲克一九八四年與羅雅爾合作拍攝《激情儀式》（*Rites of Passion*），主題是密宗性行為。典型的女子風格：柔焦畫面，女人盤高了秀髮，述說自身性方面的兩難。珍娜・范（Jeanna Fine）飾演少婦，她對伴侶越來越不滿意，對方是健美先生類型，不在意她的感受，而在性愛上一直覺得不對頭。她表達了挫折感，要求他滾蛋。場面弄得很難堪之後他走了。其後，她坐在自己住處扶手椅上，牆上掛了仿喬治亞・歐姬芙畫作。

她說：「我一路追尋，什麼都試過了。不論哪一型的男人，哪一型的女人。我也什麼地方都試過了，飛機上、尖峰時間的地鐵上、三 P、群交，我甚至試過……」此處她稍停，「一對一伴侶關係。」她的沮喪似乎更深了：「或許我乾脆禁慾，別再想這些了。」接著她遇見了留長髮的密宗愛侶，兩人做了密宗性行為，背景是秋葉與荷花的動畫。「我回到了我最早的存在之地，靈肉合一之地。我們有了全面的生命力量。」

史普玲克要求拍出高潮，但不要精液噴在她臉上。因此，女主角到高潮的時候，用了爆炸畫面，是一九八〇年代早期的電腦特效，配上洶湧澎湃的薩克斯風音樂。史普玲克在自傳形態的影片《史普玲克點評：色情片歷史》（*Annie Sprinkle's Herstory of Porn*）說：「我從《星際大戰》電影借用了一點特效。」意在創造浩瀚如宇宙的性愛高潮。

過了幾年，她的色情片更進步了，她曾自稱「質變的性行為」。發明了一種類別，叫做色情紀錄片（docu-porn）。於一九九一年執導並參與演出《由女變男並成為陰陽人的愛情故事》（*Linda/Les and Annie: A Female–Male Transsexual Love Story*）。這是第一部出現手術建構陽具的色情片。她也在藝術色情片（art-porn）演出，譬如美國製片人兼作家尼克‧扎德（Nick Zedd）的《戰爭是每月一次的忌妒》（*War Is Menstrual Envy*）；並於辛西亞‧蘿伯特（Cynthia Roberts）一九九六年的「女性主義者的性幻想」類型電影《豐盛的泡泡》（*Bubbles Galore*）片中飾演上帝角色。她也製作表演藝術，最有名的是《公共的子宮頸宣告》（*Public Cervix Announcement*），其中她給自己塞入金屬鏡，邀請觀眾持手電筒檢視她的子宮頸。如今，她標榜「生態性慾望」（eco-sexual），意思是她在自然中尋求性慾望刺激。她告訴我，這種生態性慾望中甚至有一種性虐待文化，譬如，裸奔者穿越遍布蕁麻的野地。

但她所探索的性慾望之可能性，要過幾十年方為主流所知。從一九八〇年代至一九九〇年代，性慾望的未來形態並未見於《女士》雜誌的內頁，而是出現在色情出版物的周邊文化上，在史普玲克這種人的作品上。她探索同行的生理與心理極限，找出不拘一格的性刺激形式，並挑戰傳統的性別相對心態。如果未來將由更誠實、更細緻、而且更尊重多元化的性文化來界定，則未來主義者將是視野最寬廣、最激進者。如果未來能夠出現更理想的性意識，發現者必然是在性行為方面探索最廣的人，而不是羞於面對性愛真實感受及其呈現的那種人。我很看重女性主義所倡：解放女人的性意識，擺脫男性對性感的定義。但目前所見卻像是：一旦清除了男性色情用語及意象所造成的雜亂，僅剩的（而且不具侵犯意味的）觀念就只是個一絲不苟的白色房間，灑滿了一片片陽光，雪白窗簾拂動在落地窗門邊。如此解放出來的性意識竟只剩空白畫布，要不就像是宣示極度厭惡生理現實的感受，任何性意味的圖像都只招致厭惡，而必須以無害的室內設計觀念取而代之。

　　當今色情商品的市場推廣，對女性會強調製片人的「品味」，或是「怡然天成」，「浪漫」的美感。要不就是類似女性雜誌自我增值路線為幌子，稱為「指導型」色情產品，包裝成工作坊性質，講的是肛交或口交秘技。情節包括約會過程、個人懺情錄、勵志、秘密戀情、教育

等等，內裏卻埋藏了性刺激元素。我看過一個自稱女性主義者的短片，情節是有個女人看著某男子組裝 IKEA 家具給挑起了慾望。另有一部片名叫《結婚 2.0》（*Marriage 2.0*），曾獲《年度最佳女性主義色情片大獎》（Movie of the Year at the Feminist Porn Awards），情節是好長一段情侶二人討論他們開放式伴侶關係中的權力結構，外加一段名著《在黎明時做愛》（*Sex at Dawn*）合撰作者克里斯托弗·賴恩（Christopher Ryan）的客串演出。此類影片的確有值得一看的浪漫情懷也寓教於樂，但我們能看這個自慰嗎？它們的市場推廣言詞中，不強調性愛，不像線上色情短片那種路數。譬如艾莉卡·拉斯特（Erika Lust）執導的這一齣《我愛死 IKEA》（*I Fucking Love IKEA*)，宣傳詞句並非「生猛木匠揮舞巨砲，把貪得無厭的爆乳富家女弄得欲仙欲死」，而是「我對 IKEA 的感覺很特別（聽起來有點那個，我知道）。我要他幫我買，幫我組裝，令我對他覺得心癢難耐」。

Kink 的這些色情產品行業人士，本身就是女性主義者。她們把這一籮筐自我審查、顧慮都丟開，甚至所謂女性主義的性愛是如何細緻而又難以言喻的謎團，也一起棄之不顧。美國男性的狂暴和厭女情結都令人瞠目結舌，像是國家公園噴泉這樣的天然奇景，竟然要用上女性主義才解釋了女人多麼憎恨色情片的塞嘴、掌摑、輕蔑，同時，也因為女性主義的干涉，讓色情片的禁忌意味更顯得異香撲鼻。的確，以修女為題材，難免聯想到天主教；

看了公眾玷污系列的片子，則必然牽扯女性主義。

然而我還是喜歡乾乾淨淨沒那麼多花招的。在 Kink 公司看過拍片現場之後幾年，我仍對色情片沒興趣。但我還是會閱讀《女人為什麼不喜歡色情片》這一類標題的文章，或《柯夢波丹》雜誌上史托雅（Stoya）、喬安娜．安潔兒（Joanna Angel）、尼娜．赫特利（Nina Hartley）的專訪文章，聽她們談為何拍色情片。我自己專訪過唐娜公主，也看過她拍片，但我還是不會上 xHamster 網站看色情片自慰。你用以下這組關鍵詞在 Google 搜尋；「捆綁小巧玲瓏金髮女郎」，「當眾肛交」所找到的片子，是我在四月某天的晚上在舊金山看過它拍片實況。我在拍片現場看到那些動作不會不舒服，但我在網路上搜尋到這部片子卻只想刪除。

我厭惡色情片並非色情片不刺激不好看，而是我不願意被那種不想發生在我身上的情節給刺激。我知道有些基督徒、女性主義者跟我一樣感覺；但還有很多人，覺得不安，卻說不清楚是什麼意識形態導致這種困擾。我聽過一種說法似乎有點道理，說是女人看色情片或拍色情片，仍是以處於附屬族群的地位而為之，所作所為都依從主控族群的性意識與美感標準，盼能獲得主控族群接受。反過來說，就像如果去了女性主義者的情趣用品商店，沒人會建議妳看網路影片《騷貨遭捆綁，慘遇車輪戰》自慰還保證欲仙欲死淋漓盡致。但有一天我竟

然還真去看了。

　　怪了，還真是有效。要是沒有電動按摩棒，我通常要熬很久才到得了高潮，但這次看片只十分鐘我就到了。其後我偶爾看一看色情片，或許一個月一次，獨處的時候，沒奢望性愛的時候，身邊找不到按摩棒的時候。網站上的目錄對我沒用，因我沒有特殊癖好。我只不斷點擊，直到碰上不至於感到不愉快的片子。我喜歡片中主要角色有男有女。片中要有一個女人，有好幾根陰莖。片中的陰莖如果是「戴」上去的，戴的人必須陽剛氣，但不必是生理男性。

　　片中鋪陳的梗，情節曲折，因特殊角色而設的另類花樣，或滿口髒話，我都不需要，甚至覺得煩。我也不喜歡常見的那些索引詞。舉個例，我但願「車輪戰」或「輪姦」類別能另取個沒那麼嚇人的名稱，譬如「三P、四P」、「二根陰莖或以上」。輪姦改成「多陰莖的群交」，或者「寂寞性感熟女」（MILF）能不能改成「三十歲以上的女性」就行了呢。我認為，這一行在做法上似乎喜歡從年齡層、種族、文化認同、體型、性別，把角色降格到最具貶損意涵，老套的模式。但有個朋友不同意，說那種用詞為的就是標定一種聯想，就像《星際大戰》電影裏叫「光劍」而不叫「鐳射刀」，就這道理。所以，在「猛男開砲」（Hot Guys Fuck）頻道上，我看了色情片《巨屌憨男》（*big dumb Chad*）與《雕花種馬》

（*tattoo stud Blake*）的廣告；還從 For Her Tube 開始，瀏覽了 Doctor Tube、Office Tube、Seduce Tube 等等網頁。

　　我也曾以為色情片是一股男性主控的力量，讓一般人在這方面的概念劃一且標準化，並因此意圖掌控我的性意識。現在看來，色情片卻根本蔑視標準化。有些男性看色情片顯然只是體驗對女性的掌控感，很多片子也因迎合這種幻想而生。這種對於掌控的幻想已經超越色情片，令人誤以為對著某人手淫或給她貼標籤，就表現出對她的駕馭。網路上常見男人寫的回應文字，意在侮辱，滿口輕蔑，說他們看著某個女人所做的某些主題嚴肅的作品打手槍。我也說不上來是怎麼一回事，不過今天既然我知道他看過的那些色情片其實我也看過，我就不擔心男人對我調情了。因為我也侵入他的堡壘，他的殿堂，我感受過他有過的感受，但我有我自己的感受，我自己的解讀。

　　看色情片反而讓我對自己身體更有信心了。畢竟賣衣服、賣牙膏廣告那種「性感」很不同於挑起性慾的那種性感。色情片裏面有體毛、紋身、肛門、體液、陰部、墨西哥摔角面罩、生日蛋糕和滑雪風鏡。以戀物癖風格為號召的網站上，則有此類索引詞：「肥嫩的陰蒂」、「豐腴」、「飽滿的乳頭」、「放屁」、「多毛蜜穴」、「高齡人士」、「懷孕九個月」、「短毛的」、「小奶子」、「肌肉女」、「豐滿熟婦」、「醜東西」等等。看遍了

這一切之後，我竟然找到原先沒想到的東西，感覺鬆了一口氣，總是會有人想跟我睡的。這有意思，這種事長久以來已經給世人講得只剩陳腔濫調，其實，正好相反。

正因為色情片是人類性慾多元的觀景途徑，我也看了一些不至於挑起慾念，卻令我覺得有趣的作品，其中探索人體的各種呈現，以及人體能有多大的作用。史普玲克的實驗作品是這一類色情片中比較考究的。但這也常見於更商業化的色情片，往往是女導演的作品。若說由男性或女性執導的片子有什麼差異，或許是女性的美感表現比較不是那麼寫實，刺激元素範圍較廣、較龐雜，而道具服裝或情節也與傳統元素無關，譬如護士、小保姆、繼母等等。我看了貝拉朵娜（Belladonna）的作品才想到，似乎女人拍的色情片稍微詭異些，她在二〇一二年退休，但就目前這一代拍色情片的女性而言，她或許影響最大。Kink 公司幾個導演講起她的時候都語帶敬意，其他公司導演也如此。

貝拉朵娜在色情片行業外頭，用的名字是米雪・辛克萊（Michelle Sinclair），一九八一年生於密西西比州碧鏤溪市（Biloxi），長於猶他州，在鹽湖城脫衣舞店做了一段時間之後開始拍色情片。她成名是二〇〇三年的事：美國廣播公司（ABC）的黃金時段（Primetime）節目有一段紀錄片，說的是天真女孩在這行業裏的感受。節目主持人黛安・沙耶神色凝重，說：「身處色情片這麼一

個新世界，她才十八歲，做了個永遠無法收回的決定。」恐怕色情片行業自己也沒辦法說得這麼透徹。過了幾年，貝拉朵娜已是巨星，或許也是最成功的重口味色情片女導演。有好幾年她是惡魔天使（Evil Angel）製片公司（位於洛杉磯地區，頗具規模）旗下唯一的簽約女導演。她持有特許經營權的影片起碼八十齣，其中很多是她與當時的丈夫艾丹・雷利（Aidan Riley）合作攝製的；外加貝拉朵娜的性愛女孩（*Belladonna's Fucking Girls*）劇集的其中七集，以及戀物癖狂熱者（*Fetish Fanatics*）系列的其中十個單元。

　　她就像史普玲克，看起來很愛玩性別變異遊戲。她圓臉，笑起來看得到牙齒有縫。偶爾剃光頭演出且腋下還是毛茸茸，身材是運動員那種健美型的，什麼類型都拍。其中有些作品是我所見過最激烈最暴力的，卻談不上是最反感的，譬如《粗暴4》（*Manhandled 4*），我就看不下去，片中的前導段落，在肉戲之前，拉蒙飾演愛吃醋的粗暴男友未免太過假戲真做，只因貝拉朵娜看了其他男人一眼就施以掌摑。貝拉朵娜拍片的類型，除了陰道與肛門同時插入、小便、深喉嚨、塞嘴、哀求，也拍兩人同時醒來之後以傳統姿勢纏綿的類型，以及戀腳癖、玩具癖類型。她還有一類作品根本沒有常見的催情元素，譬如情節就只在兩個女人之間讓兩女都戴了兔子頭罩。她也拍過在片中指示灌腸方法，拍過她戴手術口罩的，臉上有嘉年華會塗彩的，或人造纖維道具服裝後面多加

一條豬尾巴的，或她在玩電子遊戲《熱舞革命》（*Dance Dance Revolution*）的。她懷孕時期也拍片。

此外，也拍過電影《*Cvrbongirl*》，據惡魔天使公司描述為「貝拉朵娜的性幻想，充當『玩偶匠』，是《木偶奇遇記》、《綠野仙踪》，以及變態《科學怪人》的綜合，在她的工坊讓他們活起來，讓她們彼此沉溺於蕾絲邊的墮落世界裏」。她也拍過「尋歡洞」（glory hole）類型的片子，「背景是極度令人嫌惡的廁所，瓷磚破敗，地板黏滑，板壁上有圓洞供陽具『就位』，洞緣有萬用膠帶無數次補強過。」她也拍了《骯髒小褲褲》（*Dirty Panties*）：「導演特選可愛女孩，享受來自女人潮濕股溝的強烈氣味。」她自己對入門類型的色情片也有貢獻，譬如頗具反諷意味的《貝拉唐娜如何做》（*Belladonna's How to Fuck*），就包含了前述的灌腸劑，以及她坐在男人臉上（同時被對方捏著鼻子）的一次口交。她也有多種族、多性別的作品，譬如《綁起來》（*Strapped Dykes*）、《變性遊樂場》（*Transsexual Playground*）。

如今她退休了，乖乖當母親，也忙些其他事情。我看了一部紀錄片，片中她喝綠色果汁，在一條從鷹架掛下來長長的絲質繫帶上表演馬戲團雜技，看到她突然重返銀幕實在出人意表。那是保羅·托馬斯·安德森（Paul Thomas Anderson）的片子，改編自托馬斯·品欽的小說《性本惡》（*Inherent Vice*）。我讀過的該片影評，提到

的名人客串演出，都沒人提到她。我心想，不知還有多少觀眾認得她，或者比起男星瓦昆‧菲尼克斯（Joaquin Phoenix）（跟她演對手戲的男主角）是否覺得對她更熟悉。後來我讀到新聞，說她推掉了一個戲份更多的角色，因為她現在不願意演脫戲了。

除了多年來貝拉朵娜不斷耕耘之外，還有丹娜‧薇斯波麗（Dana Vespoli），也是惡魔天使公司導演，自稱她執導的片子是性心理路線。她生於一九七二，其作品以寫實風格聞名（她的影碟《丹娜的真實性生活日記》（*Dana Vespoli's Real Sex Diary*）的介紹文字寫道：「詹姆士用力弄她菊花的時候，她私處掛著一條衛生棉條的絲線。」）她拍的電影還包括：*Screwber X*，用的是快速道路規定「共乘」的梗。此外，還有喬安娜‧安哲（Joanna Angel，自稱「龐克搖滾色情片公主」）；還有，新感覺公司旗下的導演潔琪‧聖詹姆士（Jacky St. James），拍了一部 BDSM（綁縛調教）影片《艾瑪的沉淪》（*The Submission of Emma Marx*），因為她看過了暢銷書《格雷的五十道陰影》（*Fifty Shades of Grey*），認為那部小說「既單薄又可悲，單薄到難以置信」。還有金波麗‧凱恩（Kimberly Kane），Vivid 公司導演，因講過一句「我要是長了一根陰莖，肯定坐牢」而爆紅。還有，辛娜夢‧蕾芙（Sinnamon Love）簡直大膽，衝撞忌諱，以黑人女演員之身拍攝綁縛調教片子。再就是謎團人物曼森（Mason），執導過逾一百四十部重口味（hardcore）

的現場參與類型的色情片,片中她只從攝影機後方發出權威口吻的指示,多年來在同行之間的集會場合中總是穿伊斯蘭長袍。她的二〇〇四年電影《騷貨暴動》(Riot Sluts)片中,女人在肉戲之間還大發雌威,手持鐵棒敲碎汽車玻璃窗。

我們現有的色情行業,要不已達人類文明的最底線,要不就是還在衝撞人類經驗的極限。我講的這種色情產業,主角不是《花花公子》創辦人海夫納,亦非 Screw 雜誌發行人艾爾·高斯坦(Al Goldstein),而是女演員。她們令網路觀眾如醉如痴、並心甘情願掏腰包繼續收看。色情片教了我一件事:女性在性意識方面的表達,不必是散發父權意味的海豚形狀人造陽具。它也讓我弄明白,也拋開了因女人繁複多姿的性意識表達所引起的種種錯誤認知。我也知道,如果引導我性意識的決定力量來自生理上的感應,我還是可以不需男性陽剛的因素來幫忙。我清楚自己究竟喜歡色情片哪一點,這就像去算命,人家說的不會是真的,但多多少少幫我指點了方向。

另外,熊貓車輪戰的戲,是在 Kink 公司總部古堡地下室深處拍的。古堡下方,教會溪早已淤塞,但支流仍流淌於飽受濕氣侵蝕的樑柱之間,空氣潮濕,感覺很沉。拍片當天,溫暖的光線透進來,在洞穴空間中央鋪上一片光輝。艾希莉(Ashli)就沐浴在這光輝之下,像睡美人一樣躺著,對周遭深幽的黑暗毫無所覺。她柔滑的黑髮

披在肩上，一只極淺粉紅色的小蝴蝶結，襯得她臉蛋更像小女孩。瑞士圓點的粉紅色花裙上的褶邊都仔細鋪陳了，薄紗之下讓她大腿上方更顯暴露。她腳上穿六吋高跟鞋，人造皮，有花邊裝飾；佈景竹林飄著陰森的白霧，是噴霧機製造的，飄到打光區之外，但噴霧機的噪音並未打擾她。她躺在綠葉鋪的床上，貌似沉睡。熊貓群從後方往她靠過來，揮舞著可怕的熊貓掌，好奇地嗅她。其中一隻站她身旁，嚼著竹葉居高臨下。另一隻熊貓溫柔地摸她頭髮。

唐娜公主從黑暗中下了指示：「戳她一下，要不就踢一下。」於是眾熊貓飛撲而上，靜默中只聞衣服撕裂之聲，還有胸罩解扣的聲音，很清脆。此時她胸部已經赤裸，熊貓撫摸她也拍打她乳房，把她弄醒了，面露懼色地尖叫道：「我很愛熊貓！我最愛熊貓了！」說完，她嚎啕大哭。這場熊貓戲很耗工夫。唐娜公主手持金屬夾，緊跟著熊貓群到處轉，讓毛茸茸的道具服裝不至於遮掩了動作。所有熊貓依序跟艾希莉做了，話都不多。最後，熊貓一隻隻回到自己的窩棚，拍戲結束。

性／愛未來式

網路直播
LIVE WEBCAMS

　　電腦螢幕上的女人來自佛羅里達州北部，正說著她家鄉的野生動物：「浣熊啦，負鼠啦，犰狳啦，鼴鼠啦，」她一一列舉，「還有響尾蛇、銅頭蝮、食魚蝮。」她稍停，想了想，「還有豹斑蛇，不過不是太可怕。」簡介中說她生於一九五九年。她留灰金色長髮，上身赤裸，胸部豐滿而下垂，腹部有紋身，是卡通片人物火爆山姆正在拔槍的圖樣。她大腿上是兩副大尺寸假陽具。「大沼澤地國家公園裏頭，好多肥嘟嘟的蟒蛇，跟食魚蝮交配，搞不好就生出超級大蛇了各位老鄉。」

　　另外，維吉尼亞州有三個男子，在床上彼此交疊，話說這算哪門子的募款策略，光著肚皮，懶洋洋的口氣。他們承諾，觀眾貢獻投注七百七十五個代幣（則他們可獲取淨收入三十八美元七角五分）之後，就會表演回報。同時，他們的觀眾在聊天室對話欄內討論是否真有表演可看。有個人寫道：「算了吧，他們看起來太累了。」他們的樣子的確很累。

在丹佛，有個戴眼鏡的豐滿女子，把攪拌的五穀漿倒進金屬容器。自稱十八歲，還是處女。她圍裙裏頭全身赤裸，說只要把杯子蛋糕放進烤箱，就露出胸部給大家看。在奧地利，有另一個女人留蜂窩頭，擦藍色指甲油，穿圓點圖案的胸罩，給她男友做著人類歷史上最心不在焉的口交，男友穿高領上衣，沒穿褲子。在蒙特婁，一個紫紅色頭髮的女子，用玩具光劍插她自己下體。還有個女人，頸上繫蝴蝶結黑色細頸綢帶，自稱所在位置是奧格瑪，艾澤拉斯（Orgrimmar, Azeroth）：那是《魔獸世界》電腦遊戲中的地名。她談她電腦內的硬體，一邊吃墨西哥辣椒（Chipotle）連鎖店的墨西哥捲餅，喝的是罐裝激浪（Mountain Dew），並為她的一千一百五十位觀眾展現她乳頭的穿刺。另一個聊天室裏，有三千七百五十六人，看著一個全裸二十一歲女子做瑜伽。她沒化妝，身體像常喝果菜汁的那種養生達人。她的房間是自然光照明，鋪滿了乳色地毯，背後的角落放了一個皮拉提斯健身球，收操的時候她做了一個頭手倒立。

網路攝影直播網站，二〇一一年開創之時，我剛開始上 Chaturbate 的最初那幾個星期，最常看的就是這些人。網路直播平台多如牛毛，它卻鶴立雞群，因為管理方式採用眾議公決。看它的直播是免費的，是真的免費且不用登入，不需要設定密碼。向已達法定年齡的任何人開放，可供挑選的直播欄目分類包括：女性、男性、

男女一對、跨性別者。若你想對外直播，只須註冊你的用戶名，就可以吃著墨西哥捲餅向全世界展露你自己了。這個性世界竟然處於全面無政府狀態，靠的是該網站的訪客、網民志願軍所組成的義警部隊維持秩序。做法跟維基百科「版主」一樣，若認為直播表演者有未成年之嫌，或是訪客違反該網站少數幾條規定（不過就是一般的禁止暴力、獸交，或大便）者，可予舉報或刪除。

很多直播者利用此網站掙錢，觀眾可以用 Chaturbate 規定的代幣付表演者小費，網站分帳五成。亦即每一個代幣購買價是美金十分錢，表演者只拿到五分錢，Chaturbate 也拿五分錢。表演者賺取代幣的方式是：完成訪客提出的要求，或直接向訪客開口要。Chaturbate 雖然有這種付費制度，對沒錢的訪客還是給予充分自由，包括仍可參與偷窺，在留言欄插科打諢逗佳人一笑，或甚至耍刻薄令表演者覺得受辱。表演者從忠實網民之間挑選「版主」（簡稱 mod）來維持秩序，叫行為不檢或表現惡意的訪客閉嘴，或在表演者自行鞭打、把自己綁床柱上的時候慫恿大家捐代幣。

這網站雖說管制寬鬆，我還是過一陣子才想通 Chaturbate 為何不同凡響。乍看之下，它只是一個框框裏面的業餘偷窺秀，表演者模仿主流色情片的道具服裝或風格，力圖把其他競爭者比下去。網站首頁那一格一格的視訊窗口，比起其他成人視訊網站似乎也沒什麼不同，

排山倒海似地展現女體。留言欄的訪客交談，多半是男性跟視訊裏的女人說他們要射在身體上的特定部位，或想讓對方注意到他，要女性做些什麼，或者擺出某種姿勢，而女性以讚美或調情回應。同時，色情圖檔一如以往在邊欄肆無忌憚閃爍出沒，而首頁一個個指甲大小的棋盤式縮略圖就讓你爆發一次孤寂而卑微的高潮。

　　起先我避開最赤裸裸的頻道。我喜歡看女性，但通常不是看她們最色情的那一面。我喜歡看她們做事，聊天或是為情人節剪紙勾出心形，看她們聽著麥莉・賽勒斯（Miley Cyrus）的歌。我看她們是因為比看男人有意思。男人老是毫無例外地坐在黑色電腦椅上，面對電腦桌，在陰森的桌燈照明下，手握陽具重複一個動作。要不就斜倚床上，仍是手握陽具，做同樣的事，沒有一點創新、甚至模仿，想起來夠可笑。男人有求於別人展現給他看的是那麼多，那麼繽紛多彩，而他們所能給別人的卻是那麼貧乏。只有少數幾個男同性戀者是例外，他們知道，甜言蜜語、調情也許可以挑起情慾。他們穿單車短褲做瑜伽，嘴形跟著暢銷流行曲邊唱邊跳舞。我看了很多女性的直播，也看過幾對男女伴侶的，但我極少點擊「男性」欄目，除非是看一對男同性戀者的家居相處。我看「跨性別」欄目不多，倒不是我不好奇，而是其中很多直播點看起來像是哥倫比亞巴蘭幾亞地方的廉價旅館。

　　我第一次從 Chaturbate 看到前所未見的潛力，是某日

早上看「艾麗莎·戴絲的裸體」（Elisa Death Naked）直播。她二十七歲，在冰島播出。她所在的房子是玻璃磚牆，有一道迴旋梯，地毯上的圖案給人暖意，壁爐裏面有暖洋洋的火。她沒露臉，反而在脫衣舞一開始的時候，戴著馬頭面具，頂著男式軟呢帽，穿灰色露腹短版上衣，黑色運動長褲，彩虹護膝襪。主要道具是一把椅子，印了蒙娜麗莎的複製圖，加上一根可穿戴的假陽具。她身材有平面模特兒那種對稱和瘦削，可能因為她所處的房間，她的高畫素攝影機，或是冰島人的特質。即使沒露面，她還是渾身散發養尊處優的味道，身處優渥社會福利的國度，而且她的表演很奇特。

她換上萬聖節的鬼面具之後，用假陽具表演口交。有個訪客大惑不解，寫道：「這可神奇，我現在竟然勃起了。」她不跟觀眾應對，只是在狂躁的迷幻音樂之間展現她行雲流水的性語言。我又去看了她的精華剪接片段，其中有些玩法頗具巧思，譬如粗暴地撕開玩具熊、拿玩具火車搞她自己，或是把假陽具綁在搖擺木馬上然後騎上去。她的表演就像奇幻玩具島（Island of Misfit Toys）世界裏面的一段性慾即興，配了雷姆斯汀（Rammstein）樂團「工業金屬」（industrial metal）風格的音樂。此類表演者幾乎每一個人都有「亞馬遜禮物清單」（Amazon Wish List），讓粉絲可以為她們買禮物，或是略過網站的五成分帳，通過亞馬遜禮物卡的形式，直接付錢給表演者。艾麗莎也有這種禮物清單，此外也有連結連到她想從英

國網路服裝店 ASOS 買的衣服。我也跟著點進去看了，朦朦朧朧之間心想：「我也要像她那樣穿。」

　　一九九○年代已有未來學派預言了未來的性交方式，簡直聳人聽聞。舊金山《Mondo 2000 雜誌》編輯團隊於一九九二年寫道：「想像一下：一、二十年後的你，跟你的伴侶打扮好了，準備參加虛擬社區一個很熱鬧的夜間派對。你們穿著緊身衣，還具備了保險套那種舒爽可靠的親密感。衣服內部配置一列的智慧型行動器，那是屆時應已研發完成的科技，由軟硬程度不一的極微小振盪器組成，每英寸平方都有數百個這種極微型受動器，可以接收並傳送極真實的感應，道理就像視覺或聽覺播放器材傳送的畫面或聲音，所表現出來的真實感。」

　　他們所說的這種年代來了，方興未艾。這一、二十年來，我們有了幾種粗糙的遙控性玩具，也有不含高科技的緊身衣。但我認識的人，沒聽說誰要週五夜晚去什麼「虛擬社區，一個很熱鬧的夜間派對」。當今網路的性娛樂向來就是兩大類：一是消極型的，偷窺型的悶騷炸藥包（色情片）；另一個則是比較互動的（一群人上虛擬論壇假扮哈利波特系列的各種角色，滿腦子不正經，以言詞相互刺激）。但後者已經越來越退流行。一般人去的「虛擬社區」（其實就是那些公開交易的社交網站）並未劃出一個特殊區塊以供訪客縱慾（雖然早年的 Usenet 就有）。想看色情片的話，在 OkCupid 和 Tinder 都是看

不到的，因為增列那種選項勢必嚇走所有客戶。要是一對愛侶遠隔兩地，只好藉著視頻聊天的渠道發洩慾火。同時《虛擬性愛之樂》（*Joy of Cybersex*）和《網路性愛》（*Net Sex*）這種書均已絕版，除了上述途徑之外，從自己電腦上尋求性樂趣就只剩一個方式：色情片。

因此，我剛開始看 Chaturbate 以及其他各家現場性行為直播網站的時候，我一概視之為色情片，視之為科技進化版的「隔間偷窺秀」或付費式色情電話。網路上這些新玩意的確相似。有表演者，也有偷窺者。表演者的動機是提供手淫的彈藥。我在其他與真人互動的網站所見，譬如 My Free Cams、Live Jasmin、Cam4 等等，也都是見慣了的性意味的表達模式。此類挑逗型網路表演都是為錢而做，基本上與脫衣舞俱樂部的挑逗表演並無不同。這讓我花了更多時間在研究這個網站上。

但我在 Chaturbate 的經歷充滿了無意間偶然得之的奇緣。我遇見了艾麗莎·戴絲這一類的人，完全是機緣，有些人還真是後來再也見不到。有些表演者會排出表演時間日期，有些會留下往日表演的錄影記錄出售。但大部分人沒有，而我們又不能把現場直播定時錄影以供事後觀賞。照道理你不該錄影，雖然很多人還是錄了，而很多以 tube 為名的網頁上便常見從 Chaturbate 剽竊來的短片。不過，那種點擊通過「已滿十八歲」免責聲明進入目錄矩陣之際頗有快感，類似收看一九九〇年代的 MTV 音樂頻道，

它們幾乎全天播音樂，吸引觀眾掛在網上期盼明星出現，或碰上新鮮事。或者，再往前回溯就讓你想起早期的網路：那時候陌生人之間的網路互動更勝於「朋友」之間的互動。最早的聊天室首見於 CompuServe，那是一九八〇年代早期的事，叫做「CB」，像是緬懷 CB radio（民用頻段無線電對講機）對全民免費開放的精神。如今，Chaturbate 令此一形式重生，縮寫是一樣的縮寫：CB，創意與變態等五花八門也有過之而無不及。

有些表演者，其實是大部分表演者，已經懶得提供讓你可以自慰的奇遇或狂想，開口就是募款，或是懶洋洋與觀眾閒扯。態度有別，是輕度或重度的百無聊賴，是輕衫半掩或赤誠相見，偶爾露出乳房，來一場假陽具表演，讓觀眾不掃興，或為付出高額（代幣）小費觀眾滿足其要求。此類表演者，最火紅的可以招來數以千計的觀眾，就只是躺著或單純聊天。觀眾若覺得不忍離去，這感覺大概就像你放下手上的書，看你家的寵物在房間裏走來走去。其實，有時候觀眾還真看到一兩隻黃金獵犬或花斑家貓，給抓來強迫坐在飼主大腿上躁動不已。要不就只是廚房裏的表演，等著上場的假陽具在一籃子檸檬前方整齊排列，旁邊的道具跟陳設倒是跟一般烹飪節目沒兩樣。有個女人每周五開的節目就是性交兼烹飪。

我初見愛迪絲的時候，是個令人愁悶的場景：她拿日立牌按摩器表演一場之後，裸身轉趴著，臉部埋在床

上，也許在哭泣。當時看直播的有兩千零七十二人，有幾人交談之間表示關切：「你們要不要叫她停一停？」「怎麼回事？我點去了別地方，一回來就看到她在哭？」「她一定是鬧著玩。」「她怎麼啦，她很不好受的樣子。」「看她那麼難受我吃不消。」接著就斷線，然後砍掉了她的上傳影片。

我看了舊片，得知她十九歲，是美國中西部的大學生，挑逗觀眾的手段是打扮得像 American Apparel 品牌的模特兒，顯露了她對生存意義上的焦慮，也讓每一個看她演出的人都覺得：他，只有他能了解她，並把她從受苦的靈魂和禁慾誓言中解救出來。如此的夢幻公式引來數以千計的男人。有人叫嚷著，建議她讀百科全書體裁的小說《無盡的玩笑》（*Infinite Jest*），或是科幻小說《異鄉異客》（*Stranger in a Strange Land*），或性學大師馬斯特和強森研究團隊的研究報告，或惠特曼（Walt Whitman）的詩，只為了求她賞臉，恩賜私訊隻字片語。或是給她代幣小費，為了看她毫無瑕疵的雪白胸部，瘀青的膝蓋和雜亂無章的草叢，她對自己陰毛的炫耀，頗受 YouTube 上蘇西與冥妖樂團（Siouxsie and the Banshees）短片的啟發。她拿很多文章來念，包括蘇格蘭心理醫生賴英（R. D. Laing）和美國作家山姆平克（Sam Pink）的作品。另外，這不無高攀之嫌：她曾提到過法國哲學家傅柯（Michel Foucault）、英籍物理學家戴維‧波姆（David Bohm）。她曾恭維幾個男人，因為他們送她的禮物頗具知性氣息，

也感謝他們像東方三賢者，在聊天的邊欄中談到莫測高深的文化產物，以及言談間所表現的品味。她的「用戶名」區域引述了一段美國小說家沙林傑（J. D. Salinger）的作品。她的亞馬遜禮物願望清單上的第一項，是哈佛大學心理學家威廉・詹姆士（William James）的著作《宗教經驗之種種》（*The Varieties of Religious Experience*）。第二項，是一襲印花圖案過於繁複的長裙。第三項，一套修女服裝。於是，男人「發現」她、推崇她，就像「發現」波蘭早期竟然也有電子音樂，或是好不容易在紐約市皇后區找到了印度果亞（Goan）餐廳。

我第二次在網路上見到她是在星期四的早上，她穿白色粗呢上衣，一九五〇年代溜冰裙風格的短裙，赤腳站在一個都是白牆、白地磚，感覺冷冽的房間。蒼白的冬日陽光從窗戶透進來，房間角落擺了一具咖啡壺，另一個角落放了一把吉他，野餐派對用的布製安樂椅，椅背還有放啤酒罐的隔溫袋。她背後有個穿了外套披了圍巾的男人在煮咖啡，此時她已脫到只剩粉紅色連體衣，跳起夢幻風格的舞蹈，偶爾還拉下肩帶露出胴體，那男人都視若無睹。在另一角落，（都是愛迪絲帶著她的電腦走來走去一瞥之間才看到的）有個女人睡在空氣床墊上蓋著被子。四周雜亂擺了幾雙球鞋和靴子。有訪客罵道：這就像絕命毒師（Breaking Bad）電視劇集裏面藥蟲棲身的那種公寓房間。

她關掉了聲音，不過，聽到訪客讚美還是會簡潔答一句：「謝謝。」她拿一品脫的冰淇淋當早餐，風情萬種地跟攝影機對看，接著坐在空氣床墊邊緣，為觀眾撩起裙子。她背後那個正在睡覺的人從她身邊把被單拉走了。而那個煮咖啡的男子（或者說不定是另一個男人；似乎老是有人進進出出，有個訪客笑罵道：「床底下還有三個人。」）此時在布製安樂椅上坐了下來，拿一本書在讀。那種無動於衷，就像愛迪絲是鬼，根本不在這房間裏面一樣。但訪客之間特別激動，因為無法想像任何人怎能忽視近在咫尺的這麼個天使般的女人。

　　某日，愛迪絲在 Chaturbate 上做了一次二十四小時馬拉松直播。（有些表演者偶爾會來這麼一下。）她是午後不久開始的，服裝整齊，穿玫瑰花圖案的藍色洋娃娃裝，在臥室抽菸，對著只是聽她嘀嘀咕咕於願已足的兩千觀眾說話：「我會脫光。要是時間到了，一定脫。不過，你如果想走開十分鐘去其他房間打手槍，就快去快回。」愛迪絲說起早先是怎麼闖入網路直播的：她曾在 My Free Cams 出現，用的是另一個藝名。但早在那前半年她已經開始了。她遭封鎖的原因，是有一次跟她聊天的訪客突然提出不合規定的要求、要她手持日立牌按摩器假裝上吊就被禁了。於是她轉到 Chaturbate 來。她說起她喜歡的色情片，譬如《莎夏一穴戰百雞》（*Sasha Grey Takes Many Dicks*）。她喜歡色情片女星史托雅的文字，但認為一般評價對史托雅過譽了：「不過就是個普普通通的色

情片女郎而已」。有人問她喜不喜歡 詹姆士‧迪恩（James Deen）。她說：「我對色情片男星興趣不大。」

也曾有色情片經理人找過她一次。起先她有些心動，跟其他色情片演員同處一個屋簷下，有自己的司機，自己的髮型師，還有游泳池。她跟屋子裏其他女孩子交談，「她們都取了蒂凡妮（Tiffany）、梅瑟蒂絲（Mercedes）這一類的名字，講話都像『他們付錢，我就做』這種的。」愛迪絲講著講著似乎很惱火，對著自己頭部做了開槍的手勢。那個色情片經理人態度倨傲，跟她講話的時候像是對天真無知的小孩，問答之間老是敷衍迴避，最後終於說，工作範圍包括男孩與女孩的性交。（色情片行業裏面的語氣，男的都是男孩，而女的都叫女孩。）她還是處女，此刻也胃口大失，所以沒簽約。還告訴那個傢伙，說他是「傲慢無知的狗屎」，咒他「下面爛掉」。

時間一分一秒過去，愛迪絲的數千名觀眾都在各自的電腦前面就座了，於是她繼續談她的人生：如何提早一年從高中畢業，如何畢業後一年什麼都沒做。意圖尋覓「詭異的人生旅程」，實驗流浪人的生活；在廂型車裏面跟她的兩隻貓同居兩三個月，逐漸融入當地無家可歸者的聚落。愛迪絲說起一次瀕死的經歷，言談間頗有些玄幻的神秘主義氣息，我心想：難道她是網路先知之類的人物？

「我們都知道，卡繆（Albert Camus）寫過：人生唯一的大哉問，就是要不要自殺。」她神色間有一種誦念的肅穆感，「湯姆·羅賓斯（Tom Robbins）寫過，人生唯一嚴肅的問題就是：時間有沒有起點和終點。依我看，卡繆是那天早晨下床的時候下錯邊，而湯姆·羅賓斯恐怕是忘了設定鬧鐘。人生唯一嚴肅的問題是：有沒有誰曉得如何留住情與愛？誰能回答我，我就告訴你別自殺。誰能回答我，我就幫你解脫你的心，從時間的開頭，到時間的結尾。」

　　咦？他媽的我在看的這個究竟是何方神聖？我蓋上我的筆記電腦出門吃晚餐。午夜時分，我又上網看她。鏡頭對著床，但床上沒人，雖是空床，她的直播仍舊是這網站排行榜上的第三名。過了十二個小時，我再度上網，觀眾有一千七百人，她裸身坐地板上，身邊是一雙芭蕾舞軟鞋，手上拿一支沒點燃的香菸。有些訪客要求她「多給一點」，但大多數人無所謂。有人寫道：「她愛做什麼我都不在乎。我自覺很幸運，能在這裏，跟全世界最棒的女子共度美妙時光。」

　　在她這次馬拉松的最後幾分鐘，有幾個訪客說大夥兒整夜跟她一起耗，她卻沒來一個轟轟烈烈的結尾。結果，她穿上那些似乎數不完、一件件可愛印花裙裝中的一件靠牆坐，身邊是一疊書。她顯得蒼白，有黑眼圈。最後那五分鐘，她一一念出幾個人名，「表揚」給她最

多代幣小費的訪客。這會是些什麼人呢？早先我曾點進去給了高額小費其中一人的頁面。他身兼愛迪絲直播頁面「版主」之職，在頁面上報稱位於德國，沒露臉。看得到的只有：標準款的桌燈光線之下，沒刮鬍子的臉頰下半部和髮梢（他留長髮，是鬈髮），上身赤裸，穿一件黑色牛仔布外套，胸前口袋有白色刺繡的「泛西伯利亞交響樂團」字樣。

到了最後讀秒階段，她坐起來，問道：「我完成了嗎？」訪客之間一片頌揚之聲向她致意。她舉高雙臂發抖，身體前傾像是要抱她的筆記電腦，接著就斷線。時間是下午兩點半。

我打電話給她。但她怕父母親發現，第一次電話上說不願意接受專訪，並說打算退出 Chaturbate。電話中，她說現實生活雖然也常和男朋友出去玩，但性生活不算頻繁；也說曾與同住的女性朋友一起上 Chaturbate 表演；除此之外，她算是清心寡欲，也曾覺得自己或許算是「只在網路上才性感」的類型（Internet sexual）。

愛迪絲說，這二十四小時馬拉松她賺了一千五百美元，但她把賺到的錢大部分資助了其他視訊直播女子。其中有個女孩子她很喜歡，名叫朵希，曾幫愛迪絲買了願望清單上的一本書：威廉・詹姆士的著作。我點擊了朵希的直播頁面，見到朵希把自己綁在天花板上的冰製

吊鉤上，蒙著眼而且設置了一組按摩器，只要有人給她代幣小費，按摩器就動起來。除非冰製吊鉤溶解，她就只能這樣讓那按摩器玩弄。雖是這麼大陣仗，她的觀眾僅有大約三百人。後來我看到早期的直播片檔，朵希在滑雪纜車上表演自慰。她已三十三歲，在這網站上年齡偏高。而一般表演者都二十來歲，她簡介上說是跟患癌老母同住。我專訪過的網路直播人物，有不少是照顧老病的親人。（朵希的願望清單上，大部分卻是鐵匠鍛冶的相關用品。）

朵希也是「只在網路上才性感」的人嗎？愛迪絲呢？其他人呢？有天晚上，我看到愛迪絲午夜拿了板子自己打屁股二十四下，慶祝二十四歲生日之後數日，我跟一個名叫夏瑞思妲（Karastë）的人 Skype 視訊。她這名字是瑞典語，意思是「最親愛的」，發音是 sha-rist-ah。她表演的時候，若有訪客要她做這做那，她會婉拒：「我這房間就是這規矩。不可以要求，不用教我，不能導演。我是在我自己的時間裏行動沒錯吧？我願意才是關鍵。」她的訪客倒不介意。有人寫道：「我不曉得世界上還有誰有這麼出色的身體。」

她有紅色長髮，胸部很大，言行舉止像個耐心十足的幼稚園老師。她是聽朋友提起，於二〇一三年十二月開始上 Chaturbate 的。當時她正在身處在一種「性麻痺」狀態。很快她就補充修正：「那個用詞不好，因為那是從我

的性萌生之初就開始，從一開始一直到我接觸 Chaturbate 之前都是麻痺。」

她是南方人，在南美浸信會家庭長大，住美國東南方某市。交過兩次來往時期很長的男朋友，那是她的性啟蒙。她一直不喜歡做，而且對自己身體非常沒信心。「我很厭惡那回事。那種事，同意不同意，可以不可以做，我都懵懵懂懂，沒人教我。回想起來，很多事情是不應該發生的，因為缺乏這方面的教育。」要不是網路，她這一輩子大概就只能看看《好家庭》（*Good House keeping*）這種雜誌，揣摩如何假扮高潮。

她一接觸到 Chaturbate，心想或許用它當工具，克服她對性的心理障礙，也想到可以上網表演而同時仍能隱匿身份。但有個高中同學認出了她，於是朋友圈裏都知道這件事了。「那個人有一點男權運動份子的味道。」（夏瑞思姐的直播表演經常引發女性主義的議論，再不就是不請自來的陽具照片為何令女性不快之類的話題。從中可見 Chaturbate 的另一層正面意義：提供了安全的空間，讓男女雙方坦誠討論性問題。而且性別比例上，也比訪客往往滿口天花亂墜的 Reddit 類型次級網站平衡多了。）

她說，Chaturbate 是「內向的人的天堂」。我問：是什麼會讓一個內向的人想要通過網路，把自己形體外貌向千千萬萬人播出。

她說：「我完全掌控局面。我不用擔心會不會有肉體或生理上要更進一步的接觸。我要的話，隨時可以關機；我要的話，隨時可以把螢幕上這些字消掉。我可以把人踢出去，我自己制定規則，誰都不能掌控我。倒不是說我有控制欲，但我從來沒感受過那樣的性意識，我從來沒掌控過性接觸（sexual encounter）。現在我能掌控了，也覺得這正是我所要的。」

我是經由史托拿·波納（Stoner Boner）才認識了溫蒂·博德（Wendy Bird）。從溫蒂這裏，我才明白往日對 Chaturbate 所未及探討的一個層面：有女人（常然有！）上這樣的網站來，不是為了聽那些「變態」送上排山倒海的讚美，而是她們自己想「耍變態」，想供他人「物化」（objectify），想跟一大群坐在千萬盞桌燈之下的年輕男性親密交談。而那些年輕男子所要的，是想找到一個女人，任何女人，或許能奇蹟般地以幾句甜蜜的悄悄話，撩撥或給予他們救贖。

史托拿·波納是男同性戀者，二十一歲，住阿拉巴馬州。二〇一四年初我第一次跟他交談的時候，他剛滿加入 Chaturbate 一周年。起先加入只是好玩，兩年後已有二萬五千人的粉絲團。他認為，含有性意味的網路現場直播趨勢將流行，可比一九六〇年代的阿哥哥舞，也必

將遭到下一代調侃：瞧瞧我們老一輩慘綠少年時代的狼狽模樣。他說：「這會是我們這一代的標記。我們在做的就是這些：網路攝影機前的表演，開設色情部落格。」

　　Chaturbate 的表演者或許以年輕人當先鋒，觀眾卻往往是不同的世代。溫蒂‧博德就是史托納的粉絲之一，也幫史托納當「版主」。她四十四歲，住愛荷華州，單身，是位藝術家，最近遷離藝術學院小城，回到幼時老家小鎮照顧久病的父親。她一向對電腦沒太大興趣，但不知何時開始她喜歡引導別人產生性幻想，協助完成對方自慰。某日她跟一個男人進行僅限語音的網路連結，對方說正在自慰，同時會從網路攝影機在 Chaturbate 直播。於是溫蒂跟著點擊進入。「我從來沒做過這種事，也沒想過。我甚至很晚才會用手機。」

　　起先她只看著，多半是看男人直播。終於有一天她啟動自己的攝影機，安置在書架上也說話了。她說她進入「人生中的遁世者階段」，籠罩在「綿密而浩瀚的親密感」之下。她的頁面訪客越來越多，很多人鼓勵她。過不久她就把鏡頭對著她自己的嘴，就這麼展開她的直播。Chaturbate 認為她有未成年之嫌而予以封鎖，她說：「這太搞笑了吧」，於是她照程序認證了年齡，寄出她手持自己身份證件拍的照片，掃描了駕駛執照送過去，終於得以在網路上露臉直播，自稱「卡麗熙之心」（Khaleesi_Heart_，來自電腦遊戲《權力遊戲》）。接著她也交到了

朋友，是「一輩子的親密友情」。其中有幾位跟她在真實人生中見了面（不是為了性愛），有一人還幫她搬家，另有一個登門拜訪是因為自己家裏出了麻煩，躲到她這邊來。

有一天晚上，溫蒂、史托納、我，三人玩了一次「多人耍變態」（溫蒂的用語）。當時我們一邊瀏覽網路上的視頻，一邊用 Skype 語音聊天。溫蒂教我如何設定直播所需的個人簡介，設定通關密碼，以免我在主網頁上拋頭露面。接著問我喜歡什麼類型。我？喜歡什麼類型？我們檢閱了一頁頁男人圖像的矩陣，他們看來都那麼年輕。溫蒂鼓勵我：「去抓幾個來玩吧。」

她自己從一開始就繞過主網頁上常見的，她稱之為「性感蛇蠍女郎類型」的氛圍。她總是直接找男人，但也不是「人氣」最高的那種男人，而是點進第二頁、第三頁，找真正的「素人」。老天爺！浩瀚如海，這麼多男人，都坐在自己桌前，都是我一向刻意避開的。後來才知道，他們等在那裏是有個理由的。溫蒂說：「很多異性戀男人來這裏，想找到願意彼此視訊的對象。」她說，在這裏由於總算出現了兩個人之間網路接觸的機會，代幣小費的作用就小多了。如果說 Chaturbate 的入門頁面上有數以千計男性在觀賞少數幾個女性的話，再往下兩三頁，這種數字對比就降減為一兩個人通過 Chaturbate 跟其他人私密交談。在溫蒂看來，Chaturbate 不僅可用於偷

窺，也能安排虛擬的邂逅。她放了長線，也釣了不少魚，每一天，不論什麼時刻，都找得到尋求電子化親密感的人。「他們一知道你有點意思，就會軟語相求……」她說，她第一次感受到慾望的洶湧如潮，這麼多男人渴求交談，覺得都快醉了。她鼓勵我找一個看起來順眼的，她就可以示範給我看。

我看到一個裸身臥床的男人，全身只「穿戴」一副雷朋（Ray-Ban）太陽眼鏡，於是打了一行簡訊過去。溫蒂也從她自己的電腦點擊那個人的頁面，寫道：「艾蜜麗是新來的。我們在語音聊天，我正在跟她講規則。」溫蒂預言：這個名叫馬克‧史密斯的傢伙一知道我們是女性，絕對立刻要求我們對他直播。她猜得一點沒錯，他沒浪費一分一秒，打字回答：「你們起碼一個應該打開網路攝影機。」所以我開動了我的鏡頭，給他通關密碼。我坐在我的臥室裏，衣著整齊，好緊張，一再聲明我只是測試看看什麼感覺。他不斷鼓勵我跟他一樣脫光光。我拒絕，也道歉了。溫蒂說不必道歉，不想脫就不脫。此刻溫蒂和史托納都還在線上，讓我很難為情，但他們都看在眼裏了：他們已經讓我學到了解謎之道，教我如何啟動一場私密的匿名線上性愛。他們還促狹地咯咯笑，笑我的窘相。

溫蒂說：「這是一種自由，妳不必真去跟誰見面，他們也不是真認識了妳。妳想是誰就是誰，妳想做誰就

做誰。妳想讓人家看妳身上哪個部位就哪個部位。你可以完全坦白,脫到光溜溜,愛講什麼講就說,不必擔心人家排斥。要不妳也可以扮出另外一個妳,一個不同的人。」

我最近讀到一篇文章,出自一本名叫《時報廣場紅與藍》(*Times Square Red, Times Square Blue*)的書,作者是薩姆爾·迪蘭尼(Samuel R. Delany),美國非洲裔科幻小說作家,同性戀者。一九七〇年代、一九八〇年代花了不少時間,出入於紐約曼哈頓時報廣場的色情電影院,數百次匿名跟其他男性打野炮。他寫道:這實在不公平,女人追求同類經驗要冒很大風險。但「接下來就是看會有多少女人把這一類場合視為尋歡的途徑。」

他自述此類即興式性愛的好處:那些電影院猶如實驗場,從中把自己看得更清楚。他看到自己慾望的光譜,也知道其中的幽微之處,而此性慾實驗之發生,完全無關乎愛情、感性,或情緒糾結。他對性吸引力的觀察,一直都明白地反證了有關美醜的傳統概念。(他發現自己的癖性中有這:容易為健壯的愛爾蘭裔男性著迷,其中兩個還是兔唇。)他在以下這一段文字中倡言匿名性行為的精義:

性行為的方式如果更能騷到骨子裏,我們表現會更好。亦即,應該找到自己的風格,讓交歡行為更淋漓盡

致。你要說這是自戀也可以，這是健康的自戀。僅是這一點，已足以讓人更從容看待自身性慾的本質。這麼說或許聽起來離奇，這讓我們更能夠變化、調整，也更能顧慮到對方，體貼而周到。但是，如果性對象的樣本數不夠大、不夠多元化，或是你未能與對方充分彼此理解，探討對方的性反應是什麼性質，我們怎能做得到這一點？（你若只有單一個伴侶，無論他或她多麼支持你，所能予你的回應就是不夠，毫無幫助。這是典型的社會化程序，必然得涉及社會化反應。）

對女性而言，尋求面向較廣的性經驗總是伴隨了不成比例的風險與污名。但在網路上，就在溫蒂稱之為「綿密而浩瀚的親密感」這樣的脈絡裏，有幾位我訪談過的女性正在仿效迪蘭尼這種追求。同時，諸如懷孕、暴力、感染性病等等風險，就此一途徑的接觸模式而言都大為減低。Chaturbate 及其同類網站，包括 My Free Cams 以至 Reddit 網站上的「脫韁野馬」（Gone Wild）素人色情片等等，其實都像是二十一世紀的黑燈色情片電影院，但對女性訪客更友善得多。女人在這裏可以探索自身的慾望，可以察知自己是哪些地方吸引了旁人，也很清楚自己迷戀別人哪一點。

從網站流量可見：Chaturbate 的男性訪客呈壓倒性遠多於女性。我認為最有趣的性表演，卻往往是站內某個角落才偶遇，這恐怕與 Chaturbate 的設計原意相悖。我想，

如果能有這麼一個為女性而設的網站，倡導匿名的性探索，又可以像迪蘭尼所倡言的，他認為很重要的大量兩性接觸。這理想的網站也不會是 Chaturbate。我所想像的這種網路空間不會在邊欄廣告上大肆宣傳「寂寞性感熟女」，招來女人去尋求數位化的虐待調教，並使用先進遙控假陽具模擬性交。但女性懼怕見面遭人偷偷錄影，也顧慮個人資料遭竊，這樣的心願恐怕渺茫難成。

Chaturbate 的表演者有性慾方面的動機，也有經濟方面的動機。我跟那些賺到錢的表演者談過之後，看出一種模式：社會現狀是薪資低到不值得去爭取，或者年輕人胸懷壯志卻非得負債才能繼續深造，或不幸患病扯出財務災難。有些人因親人或伴侶患病，必須擔起照顧之責。對他們而言，性表演的收入即使多寡難測或微不足道，仍能讓生活多了些餘裕。其他我訪談過的人，包括夏瑞思姐，和一個紐約州的女孩（帳號名是 JingleTits），都二十出頭，認為自己處於高中和打算進大學之間的階段，對未來方向都有明確的期望，但家庭無力供應高等教育的開銷。

至於已有大學教育的年輕人，卻自問所獲的學位有多少價值，而對網路鏡頭上的自慰覺得沒那麼丟人，比起他們目前看得到的求職前景，這裏機會還多些，或許有助於爭取更有意義、更有創意的途徑。其中有這麼一對：麥克斯與哈珀。他們二〇一一年春季在 OkCupid 約

會網站上認識。哈珀二十歲，在華盛頓州某大學主修英國文學，來到美東是為了趁夏季去新澤西州當保姆。麥克斯二十六歲，兼差演即興喜劇，在曼哈頓唐人街外圍翠貝卡區的餐廳工作，在哈林區跟人家合租一個公寓，睡的是雙座沙發。他們第一次約會是在曼哈頓時報廣場，第二天早晨在紐約市客運總站道別，因為哈珀必須坐巴士趕回新澤西州。半年後麥克斯遷居華盛頓州，跟哈珀同住。

麥克斯到了美西一直沒找到稱心的工作。他受僱於星巴克不久就離職了，被訓練沖泡拿鐵的課程煩死。二〇一二年十一月，小倆口極缺現金，便在 Live Jasmin 網站上開始性視頻，他們覺得「很好玩」，但 Live Jasmin 規條很多：表演者不能吃喝，不能穿戴商標或徽記。除非有人付錢了，主客雙方可以進入私下交談，否則表演者只能穿戴整齊坐床上，就像阿姆斯特丹紅燈區窗口的妓女拉客。哈珀說：「老是在等、等、等。哄著想拉著人家來看你表演，強力推銷。」言外之意，這好歹還像是一份工，她喜歡做這多過她原來的工作（譬如把褲裝掛上衣架子，或跟毫無好感的客人低聲絮語）。

Live Jasmin 的規定也包括：表演者儀態必須像「視訊模特兒」，善於娛賓，言行甜美。亦即當今大部分色情網站的共同性格：對「男性自我」的集體奉承。就這小倆口而言，從事網路性視頻的最根本，就是為了避開客

戶服務性質的工作。在他們想像中，未來可以一起做的，類似低成本的「素人」綜藝表演，早年有線電視頻道上會出現的那種。麥克斯說：「就像電影《反斗智多星》（Wayne's World）的裸身版。」有時候他們也把那種心願叫做「數位化街頭雜耍」。二〇一三年夏季，麥克斯發現了 Chaturbate。

在這裏他們從單一帳號就可以單獨表演、合演，或玩三Ｐ，可以讓哈珀把麥克斯的陽具放進冰水計時三十秒，或是哈珀從星巴克座位上靜悄悄對鏡頭露出胸部。可以表演布偶劇，或食物大戰；哈珀可以給麥克斯做身體彩繪假紋身，畫一隻公雞模樣的超級勃起。在他們背後牆上用聖誕燈飾拼出「fuck」字；也可以為高額小費的訪客做錄影短片，內容是他們上街裸奔，高呼「我是蘇格蘭王（或女王）」。加入 Chaturbate 網站兩個月內，他們已招來兩萬名忠心訪客（後來甚至超過八萬一千人）。有些日子比較清淡，但其他日子常有逾七千觀眾上線。

他們以賺進來的錢為基礎，已可想像另一種自由。麥克斯有一次吃了迷幻蘑菇，當時是二〇一三年夏季，華盛頓州某處野地的日落時刻，他產生幻覺跟「一種個體」對話。而那「個體」，以麥克斯一個無神論者的立場，只能稱之為上帝了。

「對話」之後他說想買一輛廂型車。過了幾個星期，

他們動用銀行存款（一千美元）買了一輛一九九四年福特 Aerostar。花了九百美元，處理了所有器物之後，開始一路在 Chaturbate 頁面上直播穿越美國。他們把這一趟表演叫做《操遍五十州》（*Fucking in Fifty*），甚至錄影了一首活潑的主題曲：「我們要一路馳騁，我們要幫你宣洩幫你射⋯⋯」

　　一路上，他們學到了銀行存款只剩個位數還能過日子，以及如何運用食品銀行（food bank），如何找到無線上網，如何在這麼一個卡路里膨脹、科技氾濫的國家的邊緣地帶活下來。兩人的外貌都變了：麥克斯原本頭髮蓬亂五官清秀，穿工裝短褲和 Vibram 五趾跑鞋，現在一副反越戰左翼詩人艾倫・金斯堡（Allen Ginsberg）的派頭，鬍鬚黑了也濃密了、頭髮長了，也經常戴起黑框眼鏡。哈珀原本藍眼紅髮，大學姐妹會女孩子的模樣、髮型修剪層次分明、穿寬鬆牛仔褲，現在是乳頭穿了環，留波浪長髮。

　　小倆口之間一旦因這種出格的人生而心情低落，便想起辦公用品連鎖店 OfficeMax 之類職場生涯的陰影。或是，在一場特別熱切的性愛直播結束之後，兩人擊掌，說道：「好啦，要不要放棄？去 OfficeMax 找個工作？」就他們而言，開這種玩笑反映了當今世界的種種荒謬：混凝土建築群中一個個大盒子形狀的店鋪，死路一條的時薪，單調沉悶的苦役，灰棕色的檔案櫃，服從，以及

所謂跨國公司裏面勤奮工作終將帶來輝煌回報之類的神話。

　　他們全國各地到處轉。有個金主給了四千美元，資助他們建立自己的網站。於是他們決定在墨西哥過冬，但裝備和電腦卻都給偷了。接著他們那金主被捕，罪名是藉由網路黑市「絲路」（Silk Road）走私毒品和武器。

　　有一支麥克斯與哈珀的性愛短片還流連於 PornHub 網站，從片中可見拍攝地點是巴亞爾塔港，一個有雨的下午。場景像是廉價旅館的房間，有窗簾，從粗糙的窗戶看出去的墨西哥只聽得見狗吠，和各種改裝汽車喇叭震天價響的轟鳴。這是小倆口首次顯現出悔意。

　　他們在部落格寫道：「今天是二〇一四年二月十八日。我們在此進退兩難，只剩兩百美元。」接著宣布中止《操遍五十州》壯舉。麥克斯寫道：「我的探索，是想開創愉快的未來，可是我似乎又一次給自己造了個牢籠。」

　　粉絲團及時伸援，讓他們得以回到美國，在愛達荷州定下來，向一個 FetLife 社交網站（以變態性行為另類情趣主題為號召）上認識的朋友租了房子。二〇一四年夏季，他們幫朋友開辦了小生意，讓客戶定做小木板（供虐戀系列打屁股用），而後那朋友需要金錢減輕十一歲

女兒血癌的醫療費負債。他們甚至在直播中玩燒蠟燭以獲取金錢資助。

此時，Chaturbate 改變規則，禁播公眾場合的性行為。但這麼一來禁斷了哈珀與麥克斯的主場：乾草場、公路休息站、麥當勞、星巴克，甚至是沃爾瑪（Walmart）大賣場裏面的麥當勞，他們都直播過。如今他們既為 Chaturbate 的新規定所煩，也為訪客給小費時多時少所苦，於是想辦法另闢財源。有個 Clips 4 Sale 網站，以晦澀低調的戀物癖者為主題。哈珀與麥克斯開始錄製各種短片開創市場，譬如女人穿迷你圍兜，或被人剝光衣服之類。哈珀在排行榜上步步高升，一度還是該網站的打嗝冠軍。他們用 Vibram 赤足跑鞋拍出了戀足癖短片，快樂過著每個月收入少則四百美元，多則兩千美元的生活。我最後一次跟他們的對話中，知道他們計劃買一輛巴士，最終目標是買一塊地。他們把這叫做「人生的追尋」。

他們在性行為探索上越來越深入，就越是覺得無法對「性」下定義。麥克斯說：「我知道『性交』是怎麼回事，是可以定義的。但我，呃，不明白『性』這個字指的是什麼；我沒辦法明確告訴你那是怎麼回事，因為在有些人眼裏，即使穿著整齊，對著鏡頭拉扯鼻子也是一種性行為，是很強烈的挑逗。」

有些人也許在 Chaturbate 上面看過麥克斯這一對，或

看過其他人，而無法同意麥克斯的看法。這一類人或許認為：乾淨的床單，似模像樣的床鋪，「性伴侶」的身份也正正當當的，臥室門關好了，認為這就是他們心目中的「性」。清清楚楚，濃情蜜意（也許吧），一對一（應該是吧），因其私密本質而顯得高尚，因隔絕了外人耳目而顯得純淨，因並非電話約砲而顯得聖潔。但此類視角已經越來越稀薄化，越來越退縮了。

多重伴侶關係
polyamory

　　幾個世代以來，一直有年輕人蜂擁來到舊金山，期盼見到一個怪異的城市、令人激昂狂熱的場面、披頭族（Beatnik）年代的文學，或互相戴花徜徉於金門公園的陽光下。到了二○一二年，來到舊金山的年輕人不是被退學的，也不是適應環境有困難或遭到歧視的族群。他們從小吃的是無糖穀類麥片，穿回收塑膠瓶工廠生產的刷毛外套，念高中的時候在慈善廚房幫過忙，在西非洲留過學。他們知道自己喜歡哪一種生魚片，與父母親的關係有如朋友。他們表達情緒用的是心理治療的語彙。他們移動至郊區上班，住所卻在市內（這一點很不同於父母親的世代）。他們蒞臨的這個城市就在年輕人的身影之間改變了且重新塑形了，來接納新一代的可支配收入。

　　舊金山是這種城市，但是丹佛、波士頓、波特蘭、奧斯丁、紐約布魯克林的威廉斯堡等地，也都刻畫了同樣的文化轉變痕跡，好像這些年輕人湧入的城市都處於精確地在平行的軌道上蛻變。這種畫面亮點來自：神氣

活現的獅子狗，五美元的吐司，健康食品速食店（都取了「熱情」、「興旺」、「生活」這一類的店名）。他們上的咖啡館，濃縮咖啡是經過極莊重的過程泡出來的，幾乎就是重演十九世紀拓荒先鋒的艱苦生活。他們不抽菸，鍛鍊身體就像是為了完美的體內平衡，或為了達成永生。他們知道裙帶菜所含的碘，和巴西堅果所含的硒元素有什麼好處。他們一個月只吃一次紅肉，以便經期結束之際記錄鐵質的吸收量。

這一代年輕人穿著都很率性，週末就會穿上健身房或慢跑那種類型的衣著遛狗，也喜歡有益身心的玩樂。所以在舊金山常見一群年輕人帶著桌遊喝著啤酒，找朋友玩《卡坦島拓荒》（Settlers of Catan）。可他們喝的啤酒還依季節而有不同口味，啤酒箱的商標配上了雅緻的圖畫。他們創業用奇幻小說裏面的名詞給公司命名。他們是成年人，有時候看起來卻還是小孩，因為他們積極而有定見，因為他們愛玩，因為他們成長於這樣的市場體制：去的地方是明亮、乾淨、充分光照的空間，從小就習慣吃營養豐富的小點心。他們的成功一部分也得歸功於早熟，而且顯然從來沒破壞任何規則。他們的性生活難以揣摩，看起來都像是從來沒在黑暗中生活過。他們成長過程中聽聞過國外的戰爭、經濟不平等、生態浩劫，都是網路通訊議論中聽來的，卻能避免造成內化而產生絕望。

我不能說伊麗莎白就是我上面所說的那一切，但她

形容自己是樂天派。她是攀岩健身俱樂部的會員，她喜愛冥想，她做瑜伽可以不必靠牆倒立。她時常辦活動，譬如熱氣球，或週末的加州度假勝地海上牧場（Sea Ranch）之遊。她近乎嚴苛地經常超時工作，但假日出遊仍舊精力充沛玩通宵、騎單車遠足或禪修。

我有個朋友是在綜藝雜技課程上認識伊麗莎白的，跟我提過她這個人，說我或許有興趣跟她談談，卻又加上一句：「我認識傾向多重伴侶關係的朋友，都那德性……」當時我們在奧克蘭一家卡拉 OK 鋼琴吧喝灰獵犬（greyhounds）雞尾酒。從舊金山出走到奧克蘭，感覺不錯。舊金山像色彩柔和的杏仁蛋白糊做出來的星球，而奧克蘭有燈光過分耀眼的加油站，街頭巷尾偶爾有些警民衝突，以及無所不在的速食店。我看到貼在牆上的一張名片，還用手機拍下來。名片寫著，「吉娜：占星師、諮商師，解析人間千奇百怪。」此時，我朋友又說：「這些喜歡玩多重伴侶關係的人，怎麼都那麼自信……」

伊麗莎白大學畢業後來到舊金山，她的大學男友去南美就讀醫學院。她很愛他，身為不孕症專家的媽媽也很喜歡女兒這個男友，叮嚀女兒趁早養小孩，但伊麗莎白還沒打算結婚成家。二○一○年二十二歲，她找到了一個經濟事務所顧問的工作。她遷居美西，他遷往南美，於是兩人分手。

伊麗莎白只見過她的家鄉維吉尼亞州那種市郊景觀，也還記得新英格蘭念大學的那個小鎮，但沒住過大城市。到了舊金山，有幾個朋友是從約會網站結識的。二〇一〇接近年尾的晚上，她在自己家裏辦派對認識了韋斯。派對主題是玩遊戲：抽象策略桌遊，格格不入（Blokus）。韋斯跟她調情，當時他是陪伴伊麗莎白一個女同事來的。遊戲中，伊麗莎白贏了。

她與韋斯第一次約會，是相約出席當地酒吧裏舉行的「書呆子派對」，還聽了一場「遠距共同高潮（teledildonics）」的演講。初次約會的最後一個節目，是兩人散步到多洛瑞斯（Dolores）公園旁邊，往下只見舊金山鋪展出一片燈火輝煌。散步到家的時候，他們在街角吻別。接著韋斯發表一場先發制人的演講，是針對他們未來關係的免責聲明，神色之間是自認為成熟且公平的坦蕩蕩。他說他剛失戀，還沒恢復過來，他不願意現在有其他瓜葛。伊麗莎白忍住了沒翻白眼（喂！才第一次約會呢！），當晚兩人就這樣道別。

韋斯在舊金山長大，在哈佛主修電腦，畢業後回到美西，受僱於 Google，跟數以千計的同事一樣，每天搭乘無標記的白色巴士往返加州山景城的 Google 公司園區，盯著電腦螢幕，在公司附設的異國美食坊裏，像牛羊吃草那樣進食。他早熟的青春期中曾經跳級一年，而今他才二十一歲，高大英俊，就像 J. Crew 成衣連鎖店目錄裏

面那種預科男生。

　　他遇上伊麗莎白之前的失戀發生在他大四那年，所以在這不到一年時間內，他有過幾次偶然的性愛經驗，也有食髓知味的狂喜。他原本害羞但新增的愛情歷練給他增添了魅力。本來對他視若無睹的女人，如今注意到他了。現在他只要對女人微笑，她們都會回禮。他跟她們交歡，知道他喜歡的是什麼、女人喜歡什麼，也知道女人在性愛偏好上的繽紛七彩。在舊金山，他可以一邊在 OkCupid 約會網站上穿門入戶，一邊越來越了解自己，自知已經不是往日那個勤奮好學的小孩。（他原來的朋友圈子都是好小孩，而他朋友的好朋友也都是好小孩，都是喜歡演算數學習題、酷好閱讀的類型。）一次次的萍水相逢，讓他享有最近才培養出來的從容。他跟伊麗莎白說他不願意進入伴侶關係的時候，其實是這一層意思。

　　反正，他們住處只相隔三個街口，便開始每週一次見面，喝飲料，約會，有時候留宿對方住處，都維持雲淡風輕。就伊麗莎白而言，有得選的話，她當然想要個彼此認真的承諾，她才二十三歲，而韋斯舉止像小孩，似乎無意經營他們之間的伴侶關係，但她自有相應之道。她覺得，女孩子的年齡，是「像寵物年齡那種算法」。也行！她心意已定，她還是跟韋斯約會，但也跟其他人見面。

多重伴侶關係

過了幾個星期，她透過朋友介紹認識了布萊恩，史丹佛畢業生，也在科技界工作。很快，伊麗莎白已經有兩個「非男友」了。這兩種伴侶關係均無「我的心裡只有你沒有別人」這樣的約定，對於未來都沒有明確意向。伊麗莎白把這兩種交往隔開，絕不讓兩男同時出現。兩種伴侶關係彼此平衡，也互為保險。她有了這種平衡，便不至於心慌。

　　兩種交往給了她不同的社會觀、不同的感情角色、不同的生活態度。她跟布萊恩之間的性愛很熱烈，她也讓布萊恩感受了她在瑜伽和冥想方面的興趣。布萊恩大她幾歲，在舊金山人面很廣，有好幾年都去了「火人祭」（Burning Man）的跑步活動，也把她介紹給舊金山當地「火人祭」票友所組次文化團體的活動，而那些人還沿襲「火人祭」舉行之地乾鹽湖帶回來的成果，譬如：「自給自足、自己動手」的精神，短時間內就易於營造親暱感的活動氛圍，以及鼓勵心智上的延伸探索。

　　接下來，伊麗莎白跟著新朋友嗑藥。這種東西她從來沒碰過，因為她一向循規蹈矩，也認為吸毒者就是人生失敗那種「魯蛇」。念大學的時候，伊麗莎白認識一些同學食用迷幻蘑菇、迷幻藥（LSD）、搖頭丸（MDMA）。她覺得那些人的行徑是為了逃避問題，或為了通宵不睡。布萊恩的朋友也有類似的探索，但動機不同，不是為了暫時忘卻真實人生，而是為了更理解人生。為了跟朋友

形成更深刻的聯繫。他們也徹夜不眠，而「嗑藥」並未影響他們在真實人生中的成功。的確，在美國歷史上，找不出一兩個這麼成功的青年族群。

伊麗莎白並不愛布萊恩，但韋斯嘛……韋斯在舊金山也還是新鮮人。他是那一年應屆畢業生，他的世界觀與伊麗莎白相近；朋友說他們舉止與動作都像是同步的，他們也極少被突如其來的情緒所攪亂，就像惰性氣體的原子那麼穩定。伊麗莎白跟布萊恩一起的時候像個清教徒，什麼都不懂；跟韋斯一起的時候，她卻是前面帶路的那一個。二〇一一年五月某日，伊麗莎白與韋斯結識六個月後，她帶著他吃了迷幻蘑菇。他們去了金門公園，伊麗莎白留了一張韋斯當天的照片，他仰臥在鋪得厚厚的棕色松針樹枝上，眼神向上，太陽眼鏡反映出樹枝和天空。他一隻手半舉高在他自己上方，另一手放在衣服口袋裏。他穿的是灰色外套，藍色 T 恤，身邊有一本 Moleskine 筆記本，膠膜封套還沒拆開。這次蘑菇之旅多多少少改變了他們的關係，兩人還是沒用上「愛」這個字，但都認為算是一種「培養感情」。

他們避用男友、女友的稱呼。跟韋斯家的人吃飯的時候，伊麗莎白是以「朋友」身份出席的。春季過後接著入夏，白晝長了，霧多了。似乎耳畔不斷響起馬克吐溫的名句（提醒大家小心舊金山七月常有的寒夜，訪客別忘了套頭夾克）。卡斯楚區曬得黝黑的天體主義者向

165

多重伴侶關係

過路人眨眼睛，蔬果連鎖超市進入核果促銷季節。此刻在帕羅奧圖區某處，史提夫·賈伯斯即將過世。手電筒的白色光暈微弱如鬼火，閃閃爍爍。二〇一一年的舊金山，是「培養感情」之夏。

到了秋季，伊麗莎白跟布萊恩同赴「火人祭」，並首次嘗了迷幻藥。那一趟旅程結束後，她覺得自己變了。倒不僅是因為對嬉皮式哲學大興探索之念（她長大至今所依憑的，有關勤學向上出人頭地的人生劇本都沒變。但她很想弄清楚，那些嬉皮看到了什麼啟示、世界新秩序，究竟說的是什麼……）她相信，要重新浮上水面，必須打通人性中一些很關鍵的脈絡，而那只能在一個很原始的嘉年華活動中進行，地點可以是，也可以不是沙漠。其中有無人節制的、陶醉狂喜的狀態，有挨到晨曦的徹夜不眠，有悅耳而令人晃神的音樂。還有皮革衣飾、綁頭帶等象徵物品。有些國家已經把儀式化的狂歡活動排進日曆，但美國人的態度一向是：看到喧鬧飲酒就先預測事後的補償和贖罪，說起後果還口沫橫飛。伊麗莎白如今想的是：人類大概就這德行，有時候很蠢。還有，她覺得這種事沒有因果關係，玩得痛快不見得就會招致懲罰，而且，說不定根本不會有懲罰。

在這沙漠節慶的最後一個週六，「火人祭」芻像給放了一把火燒了。數以千計、萬計的人，群集沙漠中心跳舞。伊麗莎白認識了一個男子，是位工程師，應該不

性／愛未來式

笨，但有點臭，畢竟是「火人祭」嘛。當時她嗑了搖頭丸，覺得自己靈台明晰猶如鉛垂線，堅定好比霓虹燈，沙塵拂面就像棉質天鵝絨，天空是凹面鏡的那種燦爛。那音樂，宛如嵌入你的二十四小時生理節奏。她愛欲難辨浮浮沉沉，兩人終究交歡了，令她再度確證了她所要的人生態度第二準則，這是她第一次吃了搖頭丸之後有的感覺，她再也不會對磨難視而不見，因為磨難是實相，而她實在沒道理不快樂。往後，有兩件事要記得：快樂是指引原則，快樂至上。以及，西蒙波娃說過的「歡慶」（the fête）：「即使面對未來的焦慮，仍能尋求熾烈熱情的昇華，從當下找出超凡脫俗。」

　　回到舊金山之後，伊麗莎白一時並未為了新發現的、更超脫的人生重設目標，或籌思一套特定計劃。比較像是有個空房間先擺一邊，等有空或有錢的時候再來裝修。目前，她對成年人生活的概念沒變：盡量努力工作，說不定什麼時候就結婚，有小孩了。想得越多，她就越能維持她的不滿，亦即認定韋斯不肯「長大」，也不願予她以承諾。那年秋季，韋斯去倫敦出公差兩個星期。伊麗莎白心想，就藉這機會跟他分手。但韋斯在倫敦希思羅機場登機準備飛回程的時候，她改變心意了，她必須專注在工作上，尤其是一旦她也獲得 Google 公司聘用。如今，他們都搭巴士去山景城 Google 總部上班，也一起在公司餐廳吃飯。

伊麗莎白目前是在一段長時期內，規律地、定期地跟兩個男人分別交歡。偶爾還跟這三角習題之外的男人鬼混。但她對自己的行事並未使用「多重伴侶關係」這樣的名詞。話說回來，「多重伴侶關係」雖是個新字，在舊金山連呼吸也聞得到它的氣息，這個字在街談巷尾之間一直很熱門。美國其他地區的人聽到了一定會想翻白眼，但翻白眼倒不特別對此事反對，反而是對此議題態度上那種一本正經、生澀難懂的術語反感到極點。

這個新字在二○○六年收錄於牛津詞典，據說最早見於一九九二年網路上的一則貼文，其中建議創立一個新聞群組（alt.poly-amory Usenet newsgroup）。其他說法則追溯到一個女人：莫寧・格洛麗・雷文哈特・澤爾（Morning Glory Ravenheart- Zell），她在一九九○年一篇雜誌文章中談到她開放式婚姻的真理，便使用了「多重伴侶關係」這個字。

據《巫術，女巫，與魔法百科全書》（*The Encyclopedia of Witchcraft , Witches and Wicca*）所載：雷文哈特・澤爾原本名為黛安娜・摩爾，一九四八年生於加州長灘市，十九歲改名為「莫寧・格洛麗」；她不願意崇拜古羅馬的戴安娜女神，因戴安娜的信徒遵行禁慾（chastity）。一九六九年她搭順風車去奧勒岡州一個公社途中，認識了後來的第一個丈夫；一九七三年她離婚，與奧伯倫・雷文哈特・澤爾（Oberon Zell- Ravenheart）結

縭。他們結識於「新異教新異端主義」（neo pagan）的諾斯替教（Gnosticon）年度大會上。

結縭長達四十年，但夫妻倆都還與其他人有來往，包括前後延續十年的一個「三 P」組合。由於丈夫這一方有個伴侶提議，莫寧・格洛麗便寫了一篇解說文章，刊登於新異端主義萬界教會（Church of All Worlds）教派的《Green Egg》雜誌上。在早期網路論壇上，或宣揚自由性愛的雜誌《愛更多》（Loving More）的文章裏，若是要描述莫寧・格洛麗夫婦所說的「這是一種多重的，同時進行的性愛或情愛伴侶關係，而彼此間不一定具有婚姻關係」，讀者會看到的詞彙包括：「多重忠貞」（polyfidelity），「全面開放式伴侶關係」（omnigamy），「全面的忠實」（panfidelity），「非『一對一』關係」（nonmonogamy）。如果以希臘語或拉丁語來翻譯「多對象的愛」這個詞，大概會生成 polyphilia 一詞（聽起來像疾病名稱），或是 multiamory（聽起來像插頭轉接器）。莫寧・格洛麗本身是語言學家，意志堅定的她用 poly 與 -amory 接合出 polyamory 一詞。也列出了她的規矩，是因她的關係網往外擴展後，用於處理彼此關係而產生的。其中一條叫做「保險套守則（Condom Cadre）」，五人之間約定：若與圈子以外的人發生性行為，一定要用保險套。

二○一四年五月，莫寧・格洛麗因癌症去世，而她

所打造的這個劃時代名詞早已從其 新浪潮的根源脫穎而出。起先只是類似討論獨角獸真偽的小群落，七嘴八舌天馬行空，但很快進入一九九〇年早期的網路小社區：「新聞群組」，接著往外擴散。然而，直到一九九七年，譬如：精神治療師朵璽‧伊斯頓（Dossie Easton）與性學教育家傑妮‧哈迪（Janet Hardy）合著的《不悖規範的騷貨》（*The Ethical Slut*），或是臨床心理學家黛博拉‧安娜珀所著《多重之愛》（*Polyamory*）等指導類書籍出版的那一年之前，「多重伴侶關係」這個詞的概念流通地區，大致上仍局限於北加州城市，亦即嬉皮族群拒絕集體消失的地區。當年有個專欄作家丹‧沙維奇（Dan Savage），所撰性議題文章獲多家報紙採用，由於他的文字頗具開明色彩，往往被人視為美國大都市性關係活躍而思想開放的年輕專業族群的心理狀態氣壓計。但他在一九九八年的所有文章只用過一次「多重伴侶關係」這個詞，而且只是解釋性的用法；是有個讀者寫信求他解惑，問起三角戀，沙維奇才提到這個詞。但他也寫道：他認為「多元忠實」（polyfidelity）這個詞比較恰當。

伊麗莎白二〇一一年第一次參加「火人祭」的時候，「火人祭」已開出一系列多重伴侶關係的指導課程和講座，但在她眼裏這個名詞已增添了其他文化意涵，包括譬如已婚人士或「怪阿伯」意圖染指年輕女性。而她覺得，這字眼的意涵，與其說是處理伴侶關係可行且有效的方法論，不如說更像是某一類女性對世人的宣示方式，

或像小野牛那樣的無懼，或甘於退縮的邊緣地位。她有些朋友處於二元伴侶關係，容許與第三者交歡，而這些朋友所用的名詞是「開放式伴侶關係」，或許聽起來較少離奇怪名化的成分，也不至於搞到必須暴露本身性意識或身份認同的地步。

無論如何，她為自己做的人生安排不論有多少偶然，不論她如何享受她的自由，年尾的時候，缺乏性愛的範圍界限仍舊讓她焦慮。韋斯當年高中時期那些眉來眼去的女同學最近蠢蠢欲動，OkCupid 網站上恐怕也很多女人跟韋斯調情拋媚眼。她為了平息內心恐慌，只好自救，讀勵志書籍，也讀了一本《規範無瑕的騷貨》（*The Ethical Slut*）。

這本書全名是《規範無瑕的騷貨：有關多重情愛、開放式伴侶關係，以及其他方面的探索》（*The Ethical Slut, A Practical Guide to Polyamory, Open Relationships & Other Adventures*），或許語氣稍嫌輕佻，但很實用。兩位合著者均屬「嬰兒潮」年代，探索之路追溯到一九六〇年代的「自由性愛」至烏托邦主義；先是質疑舉世遵行的一夫一妻制現有成果：這種制度既不「正常」，亦非「自然」。她們寫道：一夫一妻制的思維屬於已過時的農業經濟文化，今天因依賴傳統而得以維持，尤其因為一般人想要探求超乎婚姻概念的性生活，卻面臨真空，找不到行為與倫理規範，「我們沒有為開放式性生活制

定文化上認可的文本⋯⋯我們得自己寫。」書中分類列述各種性意識的身份識別，各種維持健康與身心穩定的技巧，並倡議「卸下嫉妒心」。書中也想改變「淫蕩」這個字的意涵，想讓它「再生」，重新定義為「男女不拘，激進的主張（亦即：認為性愛是好事，性歡愉對你有好處）盡量享受性意識的種種行為」。

　　兩位作者，一是精神治療師，一是作家，期盼讀者及伴侶從容自在討論這種事情，這恐怕很多人做不到。僅僅是開開心心承認自己是「騷貨或變態」就不容易，不論用多麼輕佻的語氣賦予其他意涵，這種字眼還是承載了太多陰暗的性別意識痕跡。這一點我覺得對下述這一類人尤其顯得冷酷：有些人不是熱衷於這種追求，而是實在出於不得已盼能覓得可以遵循的性行為倫理。（例如我自己，我不覺得單身狀態是我的選擇，我沒想過要選擇一個「由我跟我自己組成的伴侶關係」。）無論如何，這本書出版後已經賣出十六萬本。

　　採行「多重伴侶關係」者將其觀念形塑過程的其中一個階段稱之為「加入讀書會」。伊麗莎白接著又讀了進化生物學暢銷書《性之起源》（*Sex at Dawn*）。兩位合著作者，克里斯多夫・萊恩（Christopher Ryan）、卡茜姐・潔荷（Cacilda Jetha）認為：人類已進化到與多重伴侶享受性愛之樂，這在我們的宿命是首要地位，無可改變。接下來，伊麗莎白讀了翠斯坦・塔娥米諾（Tristan

Taormino）所著《開放式人生》（*Living Open*），又是一本處理多重伴侶關係指引性質的著作。如今，伊麗莎白也算「加入讀書會」了，她明白不見得大家都必須走她成長過程中一直奉為準則的那條人生道路。一夫一妻這種制度，她一直以為是天經地義，突然間卻露出原形，是刻意為之的一種選擇。如今在她眼中，單一伴侶關係既然只是個選擇而非必然，便顯露了它不合理的期望與寄託，適合不喜歡實驗的那種人，而她不是那種人。

伊麗莎白成長於維吉尼亞州，身邊都是南美浸信會教徒，父親是南韓移民，母親是猶太裔，以猶太教的規矩把她養大。小時候她對「性」就很好奇，小二那一年聽到電視上有人談論之後首次自慰。她覺得好像做錯事，沒跟任何朋友說起這次體驗。中學時期她因為好奇看了網路上的色情片，也因為看了就春心大動。看色情片拓寬了她的眼界，令她也受到女性吸引。有一天她爸爸打開她的筆記電腦，撞見一齣女同性戀胡鬧的視頻短片。老爸把檔案刪掉了，蓋上電腦便離開她房間。父女倆後來都絕口不提這件事。

伊麗莎白十四歲的時候初嘗滋味。當時她去邁阿密，參加游泳聯誼活動。對方十六歲，也是處男（起碼他自己是這樣說的）。後來他們一直在 Facebook 上保持朋友關係。

她比較認真看待的性伴侶關係發生在她十五歲，並開始吃避孕藥。她自認算是幸運的：對於性事很少覺得髒，對自己的歷程覺得舒坦從容，也沒碰上性暴力。大學一年級的時候，她跟三個男性上過床，另有幾個親了嘴。雖然沒人對她指指點點，但其他同窗聊起這種事的態度，要她叮嚀自己檢點言行。她會注意蜚短流長特別多的某男或某女，以及這些鋒頭人物的艷史，她也看到此類謠言所起的作用。雖然她發現此類謠言往往與真相相反，但還是最好維持一個保守的門面，應付起來容易也方便些。大二那一年，她有了個固定約會的男朋友。

　　她怕私生活被人拿來說嘴，因為她想要培養專業聲譽，她在一個經濟學教授手下當教學助理，千萬不能讓人以為她跟哪個學生勾搭上了。每長一歲，出事的代價就只會更高。她心想，在工作圈子裏聊起有幾個男朋友只怕有害於她的事業。她所對抗的，即便不是性別觀念上的雙重標準，起碼也是一種根深柢固的偽善，舉凡事業心、進取心、勇於任事等等特質，都可以放在一邊。而另一邊看重的是此人日常待人處世之道，亦即一整套虛幻的適當得體、中規中矩。一對一伴侶關係已經滲入領導能力與競爭力的構成概念，而其他選項會令你失去權威。這是一種令世人深怕站錯邊的恐懼感，對於所謂認真負責的人生造就了普遍共識，但其實，恐怕是沒有中心原則的人生。

伊麗莎白與韋斯之間，將近一年都避免為他們的伴侶關係定調。二〇一一年除夕夜，他們跟朋友一起慶祝跨年，大家包了一輛卡車，改裝成機動派對場，在市內到處遊蕩，一路上找到酒吧就下車玩一玩。午夜前，卡車停在朋友公寓門口。進門前，伊麗莎白想要趁著還清醒，向韋斯表明愛意，韋斯說他也愛她，不過他還是要保留他的性自由。這方面，其實伊麗莎白心意已定：她也要這性自由。

　　兩人都同意，將彼此視為「一對」，而非「睡一起的兩個單身」；但也還不是一對一伴侶關係。話已經說到這個份上，接下來就得想清楚往後怎麼過平常日子了。伊麗莎白整理出一份清單，都是網路上傳來傳去的 Google 文件檔，這便是他們往後「研究探索」的基礎，包括：推薦閱讀文章，討論團體的聚會地點，以及對外開放的性派對訊息等。這些韋斯都接受，伊麗莎白讀過的，他也讀。他們去過任務控制（Mission Control）性俱樂部辦的歌舞派對，在教會街的一棟矮建築內，從街道得走樓梯上去一層，是統艙式的場所，裝飾了假花，絨絲面的掛畫，酒吧懸吊著墨西哥小裝飾巾，還立了一根脫衣舞鋼管。地面層底下還有娛樂場所。那一次他們當眾交歡。

　　過了幾個晚上，他們又回到此地，參加「開放式伴侶關係」的討論會，但出席人士多半年紀較大，三十七、八歲，要不是結了婚還很「騷」，不然就是已婚但想要

挽救婚姻。這裏是多重伴侶關係的一個層面：同儕之間，起先幾乎沒人嘗試此類實驗或探索，起碼沒人像韋斯與伊麗莎白所表現的意向；倒像是他們在專業生涯中顯露的早熟延伸到性行為方面，並進入極端的實用主義。我也曾見過舊金山灣區其他的「非一對一伴侶關係」族群，他們對性的態度具有政治意義標識，譬如「無政府主義」，他們也想在沒有政府介入的情況下區隔出「愛」的形式。伊麗莎白與韋斯的探索較不在乎理論與實踐的一致，他們沒批評「父權制」，沒引述心理分析家威廉・賴希（Wilhelm Reich）驚世駭俗的言論，而是盡量坦白，以誠實為本。他們力圖避開當代約會場面常見的困惑與委婉，而是徹底說出真正感受，把真實慾望說清楚，並進行透徹而往往令人不自在的對話。他們並未為了互予承諾的恐懼感而在不確定狀態下逃離，而是找到一個調整過的承諾方式，用以表明他們共同的意願，亦即：維持一種藉由經驗與實證增加理解的生活方式。兩人都覺得，可以借鏡於老一輩的多重伴侶關係主義者，但還是得仔細想想如何訂立自己所需的原則。一對一伴侶關係有個界限。但在這小倆口之間，會有很多條界限。兩人做完閱讀、研究、找資料等功課後，便列出規矩。

第一條適用於每天晚上。一方可以打電話給另一方，說一句：「回家，好嗎？」這一條可謂基準線，彼此都有共識的理解：「你就是我人生中最重要的那個人」。第二條說的是坦誠，如果一方明確懷疑另一方跟其他人

親熱，因此而生的預感或情緒也要攤開來談，兩人都同意把對方心儀的對象拿出來講。要是跟別人上了床，事後必須立刻告知，跟其他人交歡，一定要用保險套。雖然訂立了規矩，還是考慮到失敗。這是從電腦保安系統借來的概念：萬一發生意外，後備救援措施大概是什麼樣子？要是出現「當機模式」，亦即出了事而無現成的規矩條文可供為依據的話，救援措施的「預設值」是：行動照舊進行，討論晚些再說。體驗先行，事後再來煩惱如何「重設」（formulating）因此而起的情緒反應。

於是，兩人伴侶關係之外的性行為形成了模式。伊麗莎白的其他伴侶關係比起韋斯那邊的較穩定。韋斯則一夜情較多，或旅行出差的時候跟老朋友見面。韋斯一般來說都不太「吃醋」；而伊麗莎白偶爾有一兩次。

這局面到了二○一二年初略有變化，布萊恩出國三個月。就伊麗莎白而言，這是她的第二伴侶「暫入空檔」，她覺得失去平衡感。韋斯此時還跟其他人約會，伊麗莎白覺得危險，覺得脆弱。她的對應之策是：她好感漸增的一個 Google 同事，名叫克里斯，巧的是他正是韋斯最要好的朋友。

韋斯說他不介意她跟克里斯上床。伊麗莎白很不開心，問他要是願意讓她跟他最要好的朋友睡覺的話，那麼韋斯對她還在乎什麼呢。但小倆口終究還是把事情都

講透徹了。

克里斯是個笑起來很甜的高個子，走害羞路線。他跟伊麗莎白和韋斯這一對一樣，成長期就認為：人生的快樂要經過漫長的程序、探索、驗證，才找得到。他的雙親一九八〇年代初期結識於聖塔芭芭拉山區的公社。這是現成的樣本，在克里斯眼裏的意義或許是：青年時期的探索歷程，終究是回到了新澤西州的市郊住宅區，回歸了開明的平常世道。他為了念大學去了美西，到史丹佛修習電腦和創意寫作，跟韋斯、伊麗莎白一樣於二〇一〇年畢業，同年進入 Google（跟韋斯一樣），認識了韋斯（大約與伊麗莎白、韋斯結識的時間相當接近）。

克里斯跟伊麗莎白和韋斯這一對相較之下比較內省。他也寫詩，偶爾給人陰鬱之感。他不大容易適應周遭環境，這一點不同於伊麗莎白與韋斯。他對嗑藥或形成伴侶關係這一類的風險也比較謹慎。

這三人一起工作，經常每週工作六十、七十個小時。到了二〇一一年尾，公司社交活動中他們已是同進同出的三人組了。二〇一二年初，克里斯開始單獨與伊麗莎白外出，譬如一起去 IKEA，因為他有車，她沒有。克里斯也從三人之間的談話知道：他這兩個新朋友態度上是開放式的伴侶關係。起先，他自視在這三角關係中的地位，就像一般單身者跟一對伴侶朋友相處時的感覺，他

性／愛未來式

是個朋友，這一對伴侶雙方都信得過的朋友，也像小孩與父母之間的信賴感，而他跟這一對裏面的男方更親些。

某晚，克里斯陪著伊麗莎白與韋斯去 Public Works 俱樂部（位於教會街與十四街口附近）一個怪咖舞會。一群人去，有 Google 同事、克里斯的史丹佛老同學，還有幾個伊麗莎白從「火人祭」結識的朋友。克里斯、伊麗莎白、韋斯三人一起跳舞，漸漸地，自然而然就在舞池裏互相親吻。克里斯喜歡這種感覺，但多多少少覺得自己是第三者。他朋友都嗑了搖頭丸，但他沒有，他從來沒喜歡過這東西，副作用太強烈，也怕導致心理不穩定。伊麗莎白與韋斯早已預先安排派對之後與另外一對玩四P，當晚克里斯一個人回家。

但那是第一次三個人一起在外頭那麼親密，此後三人就經常這樣一起玩。有時候清醒，有時候迷迷糊糊，三人之間逐漸不言而喻。一起出去玩的話，最後大概都彼此摟摟抱抱，親個嘴。的確，這時期伊麗莎白和韋斯身邊朋友很多形成不小的一個圈子，而他們被其他考慮採行開放式伴侶關係的同齡伴侶視為大師。有疑問的，想深入了解的，多半都愛找伊麗莎白解惑。朋友之間傳閱「分享」的 Google 文章清單，訂閱者也多了。眾人之間的同感逐漸升溫，開放氣息更形增加。

有個晚上伊麗莎白到克里斯住處吃晚飯，飯後決定

留下來過夜。當晚，他們睡覺的時間很少，多半在講話，親嘴。次日，克里斯跟韋斯碰面問說：要是他跟伊麗莎白偶爾共度一夜，韋斯是否真不介意。韋斯說他真不介意。於是克里斯說了另一個念頭，小心翼翼地問道：要不然他們三人就一起吧？三人組？或是就只有他們兩個男人做？

　　克里斯自稱「大體上是異性戀者，但偶爾就……」他自認為他的性取向符合金賽博士（Alfred Kinsey）所說的性取向、「金賽量表」或光譜。他向來讀到有關性取向光譜的文字，總認為意指受到某一性別強烈吸引，而來自另一性別的吸引較少。但他自身的感覺卻有點出入，他為很多女性動情，偶爾也頗為幾位男性傾倒，這種動情的力度是一樣的，無關乎對方性別，而韋斯就令他動情。克里斯覺得，能夠讓他傾心的男性不多，因此在他心目中的這一份傾慕很珍貴。

　　韋斯在這方面，覺得自己不會是同性戀者，雖然在當下他不願意給自己貼上那麼偏狹的標籤。他回答克里斯說要考慮一下。

　　此後克里斯與伊麗莎白便經常同床。他和韋斯仍是朋友。兩男之間情誼很深，甚至也親吻招呼，親吻道別，但韋斯對他的告白遲遲未答讓他很難受。他沒想到要徹底死心竟然這麼難，不過，說不定韋斯還在考慮。

性／愛未來式

他的想法不同於他讀過的著作所持觀點，他不覺得一對一伴侶關係「有悖自然」或是因歷史結構而強制行之。他也不覺得自己是受到「制約」而給導向預設的宿命。若要問克里斯的行為有何哲學根據，他自認為喜歡尋根究底。他嘗試跟同性發生性行為，試用了對心理或精神有影響的藥物，是因為想探究、想驗證。這方面韋斯與伊麗莎白均表同感，亦即經驗本身就是可貴的，即使結果很爛。如果克里斯覺得遭到排斥，或伊麗莎白吃醋了，或韋斯必須面對讓他不舒服的「告白」（死黨對他的慾望），都是要好好想一想、好好探索的事情，而不是視若無睹、避開。如今，他們把彼此間充滿了性電流的三角關係視為更進步的（即使更困難）的友誼形式。他們的目標超乎個人滿足的層次，代表的是更好的未來，是改善人類文化的期望，是要找到一個更理想的性意識模式，盼能適用於現況、現有的性自由，以及此中所應有的坦誠。

　　後來，他們三人各自都把這一段日子稱為「蜜月期」或「黃金歲月」。伊麗莎白甚至找到一個縮寫：NRE，亦即「新伴侶關係的新能量」（New Relationship Energy）。但當時沒人知道這樣走下去會走到哪裏。克里斯還在盼望韋斯會有一點點那方面的興趣。二〇一二年的那個春天，他們沉浸在一個新族群中，不僅他們三人，還有其他志同道合的夥伴，探索一個明確的目標：性意識方面

的開放坦誠，對自己的伴侶，也對自己的朋友。

　　初識他們三人大約就是這時候，二○一二年五月末。當時他們三人的實驗才做了兩三個月而已。我比伊麗莎白和克里斯大七歲，比韋斯大八歲。我羨慕他們跟朋友形成這樣的族群，羨慕他們談起情慾的那種坦然。他們不魯莽，訂立了守則，保護他們的三角關係，尋求以規定與章程來保護情緒與生理健康。他們也誠懇，沒有嘲諷，絕不尖酸刻薄，將感受視為個人特質，要像裹了棉花謹慎貼上標籤那樣的對待。他們不以誘惑為可恥，而是視嫉妒心為大敵，極力避免沉溺其中。我那朋友說得對：這三個人也極度自信，或者可以說，起碼伊麗莎白與韋斯似乎毫無懼色縱身躍入。在我看，克里斯稍顯猶豫。

　　從證據可見，一夫一妻制度終究已被曾經如此遵循的最後一代異性戀者所拒斥。我初識他們三人的時候，仍為此頗感惶惑，而他們不以為意。這三人組的實驗，在語言上、結構上，都與性意識革命有直接的歷史聯繫。一九六○年代震盪的餘波久久不息，仍籠罩在自由性愛（不論是哪一種形式）上，就我印象所及，應該是正值我這一代美國人最後一次對一夫一妻制發動了廣泛批判且影響深遠，尤其異性戀女人也趁文化運動浪潮之便，刻意就非傳統的另類生活方式進行了實驗。我的道德世界觀即源於那歷史時刻，而我的自由性意識，我所愛用的電腦品牌，對組織完備的宗教退避三舍的想法，以及

所珍視的多元文化主義，和大部分喜愛的書籍音樂，也
都來自那時刻。它雖已是過去式，卻仍熠熠生輝，就像
在地平線上露出尖端的一座大城市。

　　我的感覺是，比起一九六〇、七〇年代，我們這一
輩的人很少質疑對成年人生活的期望。回顧那些年代的實
驗，覺得給我們的教訓是：採行性愛自由的公社或其他
近似的安排，通常因嫉妒與感情受創而結束。一九八〇
年代與九〇年代的乖小孩，看到了反文化的失敗，視之
為父母輩的教訓，於是乖乖接受支配，譬如：學業成績，
藥物管制法，健康保險，入學申請，文憑，實習，保險
套，護膚霜，抗抑鬱藥，指定吸菸區，政治正確（politically
correct）言詞，兒童安全扣栓，健身房會員卡，手機綁約，
單車頭盔，癌症篩檢，個人信用記錄，以及事業發展，
等等。我們能夠很微妙地理解風險。

　　就性議題而言，我認為我們的處境比老一輩好太多
了。一九六〇、七〇年代在性愛和嗑藥方面都一樣，都
玩過頭了，已經到了極限、不好玩的地步了；比起他們，
今天的我們比較懂得處理了。他們的作為已有助於女人
的性解放，也開啟了同性戀權益運動。但我們用不著住
進郊區的公社，或汲取印第安人的性靈，拜讀耶魯法學
教授查爾斯·萊許（Charles Reich）的反文化名著《意識3》
（*Consciousness III*），或強迫妻子跟其他男人睡覺以克
服她的文化制約。我們的避孕選項變多，對自己身體的了

解也多些，在教育或成就標準領域內也獲得較多的性別平等（即使尚未延伸到收入平等，或管理階層的權力）。我們在「女性友善」的環境下購買按摩器的款式也多得多；我們甚至還有《慾望城市》可看呢。我們有愛滋病因而演化出「安全性行為」這樣的概念。也有了強暴危機中心，合法墮胎，以及隨處就買得到的緊急避孕措施。

　　我那一直維持婚姻關係的雙親說過，他們從一九六〇年代所學到的教訓是：在快要成年，或剛剛成年的階段充分享受性愛（他們說的是「安全的」性愛）無傷大雅；偷偷「試驗」毒性不重、不容易上癮的嗑藥（雖然從來沒有老師或親戚如此公開推薦），也不礙事，但遲早我們會長大，畢竟不能再嗑藥，也不能喜歡誰就跟誰睡覺，二十來歲跟同伴定居大城市，而到頭來終究要成家（電視上看到的那種小家庭）。我們有些人會是同性戀者，那無妨；很多家庭會破碎，但我們不把離婚視為制度上結構性的失敗，而只視為個人缺陷所致。我老爸一九六八年夏天抵達海特・艾許伯理嬉皮社區（唉，晚了一個夏季）的時候，那地方氣壓很低。他說我要是不相信他所說的，我可以去找瓊・蒂蒂安所著《緩緩走向伯利恆》（*Slouching Towards Bethlehem*）來讀，要不就隨便挑。我從那個年代十來個作家之間挑了艾倫・威莉斯的著作，得到一樣的結論。她的散文〈再次下來〉（*Coming Down Again*）寫道：

自由這回事，先天就是高風險。也正因此，必須早早設定規條與限制，一九六〇世代的悖論是：由於經濟上、性意識上都覺得已經很安全了，因此把安全拒於門外。我們所承受的風險及現實，損失亦然：死亡，發瘋，油盡燈枯，沉溺成癮，偏執狂，虛無主義，左派組織的恐怖行動，極權式的邪教組織，貧窮，坐牢等等。雖然吸毒或政治事件的傷亡數字或許更引人注意，但性行為其實一直沒安全過，尤其是對女性和男同性戀者而言，在這麼充滿性憤恨、厭女、厭恨同性戀者的文化氛圍裏，「妓女」或「變態」之類的身份根本是「自找」懲罰。（出處：《艾倫·威莉斯散文集》（*The Essential Ellen Willis*），二〇一四年，明尼蘇達大學出版社）

　　所以我這一代人遵行規則，即使並非從一而終的服從。我們較少冒風險，盤算的是因此所遭懲罰也應該輕些，這些我都通情達理。電視上的小家庭現在有跨種族的，也有同性伴侶組成的。我們對「正常」一詞所能適用的意涵已見擴展，因此不需要科幻小說那種顛覆意味的預測，未來主義色彩的家庭模式，或逆行倒施大搞指定婚姻，並把孩子送進社區托兒所，由滿懷愛心的共產黨好同志照顧，或像是英國作家亞瑟·克拉克在其科幻小說《童年末日》所寫的，簽署五至十年效期的婚約。這就是一九六〇年代教給我們的：不要瞎搞家庭和社會的基礎結構，即使試圖構建同性戀性愛與婚姻之間的衝突，到頭來還是婚姻獲勝。

在這性愛自由的年代，婚姻一詞尚未失去其明確的本質。相對於「約會」一詞隱含的陰鬱寓意，我們還是理解婚姻的意涵：一輩子對另一人的承擔，性行為是如此，家族層面上也如此，一輩子的已婚狀態，完全等同於跟報稅表維持婚姻關係。

在我一般朋友之間，當今只剩兩種莊嚴肅穆的儀典：一是喪禮，一是婚禮。那些年我去過佛蒙特州鄉下，還有新奧爾良的、洛杉磯的、魁北克的婚禮。也去過里斯本、芝加哥、布魯克林，以及紐約上州。我的旅行和開銷大部分用於參加婚禮。這一切提醒了我：還有一種性關係處於嚴格規則管制之下，結婚的人相信了終身承諾，其中大部分人相信可以一輩子遵行一夫一妻制，計劃購買獨門獨戶的家屋生養兒女，也希望年老來還可以照顧另一半。

這倒不是說我參加過的婚禮都在明確維護婚姻制度。我這些朋友想證明一點：她們一邊親身參與維護制度習俗，一邊表明不願意屈從於制度習俗。她們不願意鶴立雞群遭到排擠，也不願意盲目追隨「家長制度或賢妻良母」這樣的潮流，但她們想要進入比較穩定的人生階段。此類新時代的婚姻須是能表現最純淨的愛情，並力求不同於傳統規格。我去過了天主教婚禮、猶太教婚禮、印度婚禮。其中，文化傳統往往只是美感裝飾的元素，或

性／愛未來式

為了討好觀禮親戚照本宣科的敷衍了事。一般而言，不論是否基督教徒有沒有儀式，僅蜻蜓點水幾個步驟，稍微抹上綠銅繡的古意，以避免惹上傳統意識方面的不滿。還有些婚禮完全刪除傳統習俗和套路，像是為自己辯解，也向直到最近還在杯葛婚姻制度的社群朋友致歉，並重申戰友情誼。同時，以「伴侶」一詞取代「丈夫或妻子」越來越像是主流。這是語言運用上一大收穫：成功摧毀由性別、性意識取向、婚姻狀況等分類法所形成的等級制度概念。如此思維或作法，在商業或專業領域的脈絡之下相當合理，但在家族與朋友之間恐怕不容易說得通，難免觸及這類問題。婚姻如果不在於公開宣示妳與另一人的伴侶關係本質，那麼它的價值是什麼？平等權益的議題如果在人類彼此歧異上造成混亂困惑，它的價值是什麼？

吾友所作所為，是想讓她們的婚姻有別於傳統形式，但都心照不宣反映了逐漸形成的共識：婚姻不應該是讓人失去她的獨立、她的姓名，或是為另一人而喪失她的自主權。我們曾經力阻此類屈從，而今我們想說服自己：男女之間的婚姻可以承載婚姻史上最甜美的果實，而不必為其性別議題所害。它幾經革新仍能蘊含神秘色彩，雖在人間留下斑斑劣跡，但仍能讓我們抱持高貴的動機，那些豪放女、百人斬的朋友，也願意承擔婚姻中常見的，虛偽，偷吃，慾望減退，或無以言喻的不快樂。我不懷疑這一切抑鬱不安背後的高貴，我仍相信承擔與諾言內含

的神秘元素，就像西蒙波娃曾經諷刺道：「例行公事假扮成了驚奇探索；忠貞竟然變成崇高的熾愛；生活倦怠被看作了智慧，而親人之間的怨悔是出自最深刻的愛。」我看不見其他可行途徑。目前我說得上來的選項：開放式伴侶關係，浪蕩子或浪蕩女，多重伴侶關係等等，與我都距離太遠……但在世人所熟知的、已經轟轟烈烈走到盡頭的婚姻史之外，仍存在一個真空狀態，可供未來形成可行的性意識模式。如果我終生獨身，還可以自視為成年人嗎？我的已婚朋友會遠離我嗎？有沒有一種性關係，能超越線性發展的「伴侶關係」？在親朋好友的婚禮與婚禮之間，我得以進入很多一對一伴侶關係的家庭。主人家招待我，予我食物，把我介紹給他們家的寵物，再來則是他們家的嬰兒。我從人家內部的毛巾或床罩尋找跡象，或是衣櫥如何共用，蛋糕架、氣泡礦泉水製造機、盆栽怎麼擺。我也進過一個前男友的家，他跟一個女人同居，從鏡櫃藥罐櫥下方的髮夾堆、或是冰箱裡面堆積的亞麻仁油瓶看來，他們之間是疏遠的。這是他自己選擇的路，他不跟我共度人生的下場。如果換了跟我一起的話，大概也就是另一組整理頭髮的用具，冰箱裡倒是不會有亞麻仁油。我可能會拿這句話自我解嘲：「我對於整理頭髮實在很低能。」

我想知道我未來的性生活會是什麼樣子。如果不願意把婚姻當做唯一合理的途徑，我起碼得考慮其他變化：多重伴侶關係、開放式伴侶關係，或其他的千奇百怪，

不要認定它們必將威脅理想的伴侶關係,而是直接面對、了解這種種途徑的本相。伊麗莎白、韋斯、克里斯都認為,在性意識議題上還有些環節必須先想清楚。他們覺得,其中選項不易拿捏,偶爾嗑迷幻藥、搖頭丸之類的藥可以中止因此而起的猜疑或恐慌。是嗎?我心想,嗑藥解決問題的時代不是已經過時了嗎,不是早已隨著曼森家族兇殺案過去了嗎?我本以為我爸媽所開示的(已非第一手的)性自由觀念已足以為我解疑,後來發現不管用。「非一對一伴侶關係」(其實說是自由之愛更恰當),如果當做性意識的組織原則,在語言上法律上都獲得認可,則必將與歷史決裂,因此它一直是科幻小說喜用的題材。就像外太空,自由之愛的前景始終存在,人類僅須找出合於我們所用的途徑即可。我跟好些人一樣,仍有很多疑慮,我們一直想起前人的警告,他們見識過了一九六〇年代,便打了退堂鼓。就像舊金山灣區常聽到的一句話,雖然是半開玩笑:「負得起責任的快樂主義」。

二〇一二年春的時候,伊麗莎白大部分夜晚都跟韋斯一起,偶爾有幾個晚上跟克里斯或其他男人共度。三人之間在公司裏也彼此探班,一起加班,一起在公司餐廳吃飯。這樣的伴侶關係進化中會出現的轉變,往往不是緩慢的漸進,而是突然的、結構上的劇變,通常在離城的旅程中發生,那種機會就像感情考驗的煉爐,平常情緒的阻障機制,服用顯著影響生理或精神的藥物之後解除了,使得平常壓抑的感覺都充分釋放。克里斯後來

很仔細地寫了一篇文章：《二〇一二年：一個有關性行為、愛情，與搖頭丸的故事》（*2012: A Story of Sex, Love, and MDMA*）文中重點包括了一系列派對活動：譬如新年除夕。那是三個人首次公開現身於舊金山教會區 Public Works 夜總會。如今夏季已近，又開始有了其他派對。

　　他們三人去了拉斯維加斯，參加「EDC 電音嘉年華」（Electric Daisy Carnival）。原先決定參加的時候其實帶有挖苦意味，像是去刺探主流文化的軍情。EDC 這一類的電子音樂祭，是企業形態的狂歡文化墮落，沒有自力自為的社群原則或信念。不過，或許很好玩，即使不好玩，我們就讓它好玩。所以那年六月，這三隻愛鳥，加上大約三十個朋友，訂了拉斯維加斯「好萊塢星球賭場酒店」（Planet Hollywood）的一大塊客房區，搭飛機過去。

　　嘉年華在市區外圍的拉斯維加斯賽車場舉行。參加人數高達十萬，從賭城大道到賽車場，平常開車十五分鐘可到達，現在卻花了兩小時。舊金山來的朋友們雇了一輛巴士，以供來回嘉年華會場。豈知巴士司機對這些乘客極感不滿，擺足了臉色，怒氣沖沖把車停在路邊，大罵乘客嗑藥，只聽男性乘客的指示，還說，從這種人（年輕英俊專業人士，穿的是鮮豔的中性服裝）身上可見，美國一定是出了大問題。

　　另一件掃興的是週六晚間刮起強風，音響不得不凌

晨一點鐘收攤，數以千計、萬計的狂歡人士一時都無所適從。他們原本精心計算過劑量，精確到毫克、微克，準備起碼還可以繼續狂舞五個小時。舊金山來的這一幫人，嗑藥已經嗑得微醺了，小心翼翼移到賽車場看台上，看著眼前景物像電視氣象報告圖像那樣開展，嘉年華員工忙著把困惑的群眾趕入圍欄，送進毛皮加工廠，閃爍的燈光星點此起彼落。沒來由的謠言，說嘉年華要在某個進口處重新開放，引發了繽紛七彩的色流，像蜂群亂竄。

這些是現場應變與安排的問題，但克里斯的沮喪有其他理由：這嘉年華！老天爺這是什麼場合！搞出這種鬧劇！這個嘉年華暴露了他跟伊麗莎白、韋斯之間三人關係的實相。但就伊麗莎白的角度而言，克里斯從這次出遊終於明白了韋斯跟伊麗莎白之間「是真誠相愛，是實實在在的伴侶關係」。如果說克里斯曾以為三人之間的探索歷程是完全平等的立足點，現在他知道不完全是那麼回事。在這探索中，伊麗莎白和韋斯是一對，他，克里斯卻是「單身男子」。

三人回到舊金山之後，伊麗莎白出差，要在倫敦待好幾個星期。韋斯根本消失，不回覆克里斯的電話，做他自己的事，忙工作或其他的。克里斯覺得被遺棄了。

他跟韋斯從來沒徹底談過感受問題（不像伊麗莎白

多重伴侶關係

跟韋斯之間那樣）。三人之間有過一個中期階段，期間克里斯覺得受到冷落。稍後事態雖明朗了些，但更像是彼此間有一種說不清楚的緊繃狀態，而非真正出現裂縫。所以，克里斯開心了，緊繃也就消失了。於是兩人之間友誼如舊。

　　伊麗莎白對克里斯的困境所知也只是隱隱約約，克里斯都不多說。她知道克里斯渴盼感情上的親密，也知道他很喜歡她和韋斯這一對。伊麗莎白也很喜歡克里斯，但她知道永遠不會有個完整的三向關係。倒不是她無法想像自己身處這樣的一種三角習題，而是她知道韋斯絕不可能成為這其中一份子。在似覺疏遠的氣氛中，夏季過了。大家都忙著為 Google 加班，到了夏末，勞工節前的最後一個週末，克里斯和韋斯一起作陪，參加了伊麗莎白的第二次「火人祭」，也決定三人同住一頂帳篷。第一天沙漠風暴，幾乎伸手不見五指。他們就在風暴中設置了自己的營帳。第二天是他們這營區的「Molly Make Out Monday 日」。克里斯對搖頭丸向來吃不消，早先去 EDC 派對玩的時候他刻意避開了。但這一次，畢竟是「火人祭」，他告訴自己沒問題，告訴自己這次一定試試看。但他感覺到的不是熱水瓶溫度的低劑量通感劑那種柔和感，而像是他這一輩子吃進去、喝進去的、所有的咖啡豆、綠茶、健怡可樂、Adderall 藥都在身體裏面大集合，腦袋卻萎縮成倉鼠的小鐵籠那樣轉圈子，還有不斷閃爍、永無休止的各種光線，隨著電音舞曲節奏暴射。他原本

為了預防脫水、小心過了頭，喝水已經過量，因此來到「火人祭」的第三十六個小時，他在富裕殿堂（Opulent Temple）的幻覺舞會外面蜷縮著，嘔吐、驚慌，只希望快快逃離此地。

　　第三天他只能躲在陰影中休息。他原本希望人家這麼告訴他：在「火人祭」應可獲得深刻的感知體驗。這種期望他在內心曾嗤之以鼻，他只是來參加沙漠裏面一個虛張聲勢的派對。 他也不是那種體驗強烈感知經驗的人，他只是來玩的。結果，他真有了深刻的感知體驗，只是沒想到這麼恐怖。譬如，他突然驚覺他實在不喜歡跟陌生人講話，他騎著裝備齊全的單車穿行於沙塵與熱氣中，感受到觀光客身處陌生環境中的格格不入。這哪是什麼「火人祭」？根本是中國鄉村地區，到處都是人，都有自己的空間，只有他孤零零一個，被無法克服的孤立圍障所隔離。

　　但有件事證明了這次經驗多麼暖心。在最後經過了種種困難，「火人祭」讓這三人行找回了彼此情誼的平衡點。克里斯嗑藥吃不消飽受折騰的那一天，是韋斯和伊麗莎白照顧了他一整晚。他們幫他一步步走出孤立感，挫傷感再一次暫時掩埋了。伊麗莎白就只跟韋斯是一對，但倆人同時也關心他。

　　傷感並未完全消失，克里斯看著這小倆口感情越來

越好。回到舊金山之後，他打算認真發展自己的伴侶關係。在這種種令人暈眩的不確定感之後，他要的只是安靜，穩定。但似乎什麼事都往反方向走。他跟幾位女性約會來往都沒成。他渴望長期的伴侶關係，在這些來往中都沒看到成果，他都沒碰到他愛的。

　　二〇一二年末，三人深交一周年，他們找了個週末出門旅行，這次沿海岸開車往加州中部聖路易斯，在一〇一公路旁一家刻意裝飾俗氣風格的老式旅館「瑪丹娜客棧」訂了房間（這三個人討論性議題時候或許避免顯得嘲諷，選擇週末旅遊，地點卻特意促狹）。整個週末都下雨，所以三人就只能身處有著粉紅玫瑰地毯、石頭壁爐、黃銅欄杆、印花棉布的房間講話。或許大家都以為克里斯願意繼續處於客串地位，其實他不願意。這三人是最要好的朋友，但其間仍有你我之分，那種距離他覺得太明顯。後來他去了聖塔芭芭拉（他爸媽現在的住所）度假。他覺得自己的心情好比《超人》電影男主角，獨處於孤獨城堡中。

　　韋斯與伊麗莎白之間有了加速度，動力來自他們都願意共同嘗試、大膽挑戰。起先，伊麗莎白因恐懼而修訂兩人之間的規則，她希望保護作用能面面俱到，屏障她的任何弱點，並詳細羅列各種變數。但他們的「非一對一伴侶關係」進行一年之後，她知道了：要預防衝突，不如主動先發設法解決。到了二〇一三年，他們逐漸拋

開了原先的規則，舊有規則僅適用於不夠明確的伴侶關係。她和韋斯之間越是明確，她就越敢於探索。

有些情侶消磨時間是有系統地考察、試吃市內各餐廳的那種玩法。伊麗莎白和韋斯也玩，不過他們去的是性派對。伊麗莎白參加了在 Kink 公司的兩次色情片拍攝，其中一次跟韋斯合演，另一次跟一個女人（後來成為長期性伴侶）合演。二○一三年六月，韋斯辭掉 Google 的工作，自己開公司。他趁開業之前旅行歐洲各地，伊麗莎白直接去阿姆斯特丹與他會合。兩人藉這機會合法買春，並僱了一個妓女。

克里斯還在另尋女人約會，其中一位女性來往了兩個月，另一位女性四個月。這種約會感覺平靜，單純，也很無聊，好像什麼都無關緊要。此刻他不再操心如何跟約會對象解釋自己的性意識。舊金山似乎人人都假設自己處於開放式關係，所以克里斯繼續跟伊麗莎白保持性愛來往，但心中還是殘留一絲絲顧慮。二○一三年五月，伊麗莎白須赴東京出差，克里斯決定一起去，有幾分「丈夫」身份隨行的味道，結果，出現了另一個——也可以算是吧——轉捩點。

他們住麗池-卡爾頓酒店，從房間可以俯瞰東京市容。白天伊麗莎白要工作，克里斯在就市內或旅館內自己逛。在東京的最後一晚是星期五，伊麗莎白當週的公

差已完畢。兩人面對面坐下，各自吃了一份迷幻藥。

兩人都沒睡，徹夜交談。對伊麗莎白而言，對克里斯也是，他們的情誼，在這春夜閃爍的東京夜景中已達最坦誠、最無所避諱的狀態。過去一年來是一連串的溝通失敗，幾乎無法對話，因為必須暴露最深、最脆弱之處方能得之。

兩人首次坦誠討論克里斯對韋斯的了解，以及克里斯自己動情之後的心願和期望，和「一廂情願的念頭」（這是伊麗莎白說的），繼而，凡是與他對韋斯認知相反的視角，他都視而不見。兩人也談到了伊麗莎白的積極立場，和克里斯的消極，以及持悲觀立場者或許也能精確衡量現實處境。這一番促膝長談過後，伊麗莎白認為雙方都終於明瞭彼此差異，也覺得克里斯對她的退意仍感依依不捨。

克里斯與韋斯曾談過他們的同事，他們灣區同事之間「荒謬的樂觀文化」，那些人真心相信沒什麼是做不到的。但那種概念根本經不起批判，在全方位的現實中根本無法立足。有那麼幾個理由，讓它在一段特定時期、地點內，在舊金山，在二〇一〇年到二〇一五年之間，存在於教育程度很高、生活水準也很高的年輕族群間。克里斯從網路黑市「絲路」創辦人羅斯・奧布李（Ross Ulbricht）身上就看到了這種傲慢自大。黑市「絲路」當

初創辦的主張就是：只要擅於穿行於網路上，來去自如，即可從舊金山格林公園公共圖書館這種不起眼的地方，做出觸犯很多聯邦法規的大事。克里斯也從很多同事身上看到這種傲慢自大。他們有些人堅信人類頗有機會尋得永生，有些人細讀未來學家雷‧庫茲韋爾（Ray Kurzweil）的著作，並準備迎接即將來臨的「奇點」★（singularity）。他也在很多朋友身上看到這種傲慢自大，他們認為沒有理由不能跨越統治社會行為數千年的性意識傳統。然而，在這同時，竟然看不到有人問一聲：「到底有誰會想要永生？」

在克里斯看來，「荒謬樂觀派」認為，任何行動只要是提升了個人快樂就是對的，不論對其他人有何影響。如果有這麼一個族群，其成員都沒有任何切身的麻煩，賺錢能力高強，身居快速進步而又極具彈性的工作環境，則此類族群心態很容易就是一種激進的自我中心。克里斯的朋友不是古典自由派（libertarian），但他們對性意識的解讀方式卻根植於古典自由派的觀念，亦即：一旦確立了「合理的動能」（dynamics），任何問題到頭來都能「船到橋頭自然直」。但以克里斯所知，這種概念忽視了人類在解析或釐清問題過程中所涉及的情感元素。如今，他看到了「荒謬樂觀派」對人類現實所持的扭曲觀點，但他並未完全拒斥他們的視野。他由本身經驗得知：不必退回一對一伴侶關係的戰壕，那樣的伴侶關係反正「不可行」。唯一辦法是前進。到了二○一四年，克里

斯也有了認真交往的對象。原有的三人行之間仍有共識：在情不自禁的情況下，還是可以跟其他人上床。

　　韋斯與伊麗莎白的伴侶關係雖與傳統大異其趣，卻越看越像是會有個傳統的快樂結局：他們相識，逐漸陷入情網，此刻他們討論是否一年內同居，而且果然在二〇一三年下半年實現了。韋斯覺得，公開宣示之後，更容易真誠表達彼此的承擔。決定同居所負擔的壓力不大，因為知道一個月內他或她總有幾個晚上會留宿別人家。他們都欣然同意，短暫分隔是兩人伴侶關係結構的一部分，若要一人獨處，不必提出理由，不必道歉。但還有個問題，伊麗莎白或韋斯都擔心過：萬一他或她愛上了其他人呢？接下來怎麼辦？兩人這樣一直走下去的話，很難說什麼時候就愛上了幽會對象。他們甚至求教於一對年紀較大的夫妻。那一對夫妻三十七、八歲，結婚好幾年，採開放式伴侶關係的時期比韋斯與伊麗莎白的交往期還長。於是，做丈夫的跟他們說了個故事：在開放式伴侶關係期間，妻子的確愛上了別人，他稱之為婚姻中的一次「危機插曲」。妻子是真愛上了外頭的人，但夫妻倆談過了，有了共識：夫妻仍是「人生旅程的伴侶」。聽起來頗虛幻，但韋斯說：意思是「一種情況只是墜入情網；另一種情況是墜入情網，而且打算與此人共度餘生」。畢竟，人生有時候總得妥協。

　　二〇一四年八月，伊麗莎白與韋斯在「火人祭」活

動中訂了婚。隔年八月，我在「火人祭」所在地黑岩市出席他們的婚禮。小倆口鼓勵來賓親友穿女儐相的服裝，戴假髮，穿二手貨店買來的舞會禮服，戴上裝飾得花花草草的帽子。韋斯穿有鈕扣的正規白襯衫、黑色長褲，伊麗莎白穿白裙，兩人眼睛周圍都有彩妝，在電子鋼琴《彩虹深處》（*Somewhere over the Rainbow*）樂聲中，走向「聖壇」。聖壇佈置了粉紅色織物花和流蘇邊，親友幫忙分發小倆口的愛情宣言。韋斯的教父朗誦了德魯伊教派（Druid）的祈禱文。伊麗莎白有個至交朗讀了德瑞克・布朗（Derrick Brown）的詩作《伸出手指，數兩顆星位，就找到我了》（*A Finger, Two Dots, and Me*）：「星空的設計就如同我們的靈性」。

小倆口跟自己親生父母都很親近，也都跟父母說過自己的開放式伴侶關係。韋斯的父親致詞，說：「圓滿的婚姻包括了多次陷入愛河……而總是跟自己所愛的同一個人……」眾人會意，為之莞爾。一對新人也先後發言，韋斯說：「小時候我得煩惱如何與他人來往……」而他的交友之道是「叫朋友出個難題」，供他解算術除法題炫耀，他感謝朋友，在他不知感恩的時候仍能不離不棄。他說，從伊麗莎白身上學到了「愛」的真義。他們也共同探索社區主義（communitarianism）的奧義：人類在其文化及部落之外的行為要如何才合乎道德，並無一致的觀點，此外，人類有此道德義務，須貢獻於其社區，亦有此權益，在必要之時公平獲得支持。他還說，伊麗莎

白是「在我們共享的、這麼美麗的世界裏，我全心關注的一個人」。

　　輪到伊麗莎白，她說：「我對他說我愛他的時候，他就像《星際大戰》電影角色韓‧梭羅回答麗婭公主說的：『我知道。』」又說起她的興奮之情，多少年來（而不是幾個月）孜孜籌畫未來，如何期盼他們要一起養育孩子。克里斯坐在賓客席內，面帶微笑，身邊是他女友。他起身發言，憶述了早幾年的共處之情：「那是一段共同探索的時光，探索著『愛』與親密的行為能否肆意揮灑而毫無芥蒂。」他也談起第一次參加「火人祭」的經驗猶如雲霄飛車，以及與伊麗莎白同赴日本，並體認到「她需要的人不是我，而是韋斯，家裏的那個韋斯」。這一切喚醒了他，讓他渴望另尋安身於天地之間的途徑，「於是我尋求更強大的伴侶關係，幸而不必走太遠就找到了。」

　　韋斯與伊麗莎白悄聲互道誓詞，親友圍著他們觀禮。夕陽漸落，我們高舉螢光棒，圍成一個光圈。迪吉理度管（didgeridoo，澳洲土著樂器）發出嗡嗡聲，把一對新人的輕聲細語弄得更含糊了。我們站著，舉著螢光棒，踩在鬆軟的地面上，直到細碎的金屬殘渣與塵灰掉落我們身上。於是，婚禮主持人（韋斯的叔父）宣布：「以網路所賦予的權力，我宣布你們兩位結為夫婦。你們現在可以親吻了，也可以親吻其他人。」

二〇一二年秋，克里斯就曾與伊麗莎白首次合辦性派對。他們想要很「酷」的派對，邀的都是喜歡的朋友，不至於像是一群貪玩的已婚男女共聚一室聽〈寶貝你不要我嗎？〉（*Don't You Want Me, Baby*）這種歌。二〇一五年初是他們第四次辦派對，名叫 Thunderwear IV，在舊金山，我也參加了。地點是市場街南端一個租來的大房間。房裏掛了一大張黑白照片，專門找了攝影師拍的。伊麗莎白一腿高舉過頭，完全開展，中間插了一支假陽具。她也設置了鋼管，供表演脫衣舞。請柬上列出規則，同意了才歡迎蒞臨：

　　一、貼心提醒：別過度期望，不過各種可能性都有。
　　二、凡事均需對方同意，而且這樣更夠味兒。想做什麼的話，先問一聲。能讓人高興同意的話，就有獎勵。
　　三、這是派對，本來就要開開心心！你不必做你不想做的任何事情，不願意的話，就說「不了，謝謝。」
　　四、這畢竟是派對，開開心心玩吧。白緞帶的意思就是：「要餵我的話，先問我。」（還記得嗎？您可以拒絕。）紅緞帶呢：「跟我要個吻吧（在臉頰上就好，第一吻這樣就行了）」。
　　五、只是個建議：事前請跟你的伴侶好好談談。
　　最後一條：應本場所業主要求，不准使用閃粉。

　　賓客一一抵達，都應要求先讀過了這些規定，然後

發給紅白緞帶，派對就在冷靜的氣氛下開始了。眾人喝酒聊天，與一般派對無異。韋斯幫我調了一杯伏特加蔓越莓汁。我站著跟人聊天。（賓客之間僅另有兩個大過三十歲的，此人就是其中一個。）有些人跟我一樣，就只是打扮的像平常上街的穿著。

其他人都改穿道具服裝。韋斯穿黑襯衫，亮閃閃的白色少男短褲；伊麗莎白穿皮短裙，齊膝長靴。有個女人穿了像是二手貨商店買來的紅裙，搭配緊身皮胸衣。另有個女人也是緊身皮胸衣，刻意讓胸脯門戶大開。有個男人穿金色襪褲，搭貂皮／皮毛外套。有個女人穿了漁網緊身衣，脖子一條萊茵石短鏈，拼出了 S-E-X 三個字母。伊麗莎白向來做事很有條理，她說已經為脫衣舞鋼管表演買了意外險。

他們朋友之間已準備表演素人滑稽短劇為派對暖場。我們看了一場笨手笨腳的絲帶旋轉雜技，背景音樂是雷哈娜的〈跳躍〉。舞者的腳老是從絲帶滑脫，只好一再從頭扭緊絲帶重新就位。站我身邊一個女士嘆道：「她實在不怎麼高明。」此女和我一樣，應該也三十四、五了吧，在這一大群彼此是朋友關係的賓客之間，我們都算外人。眾人鼓掌表示鼓勵。接下來，有個女人表演了海盜主題的脫衣舞，結尾是她把一對紅色的即棄膠杯（Solo cup）用膠帶貼在胸部，灌滿了摻有橙汁和椰奶的馬里布（Malibu）雞尾酒，讓大家用吸管喝。在雷哈娜的〈生日

蛋糕〉音樂聲中，有個女人跳脫衣舞，結尾是她自己全身塗滿了蛋糕。最後，大家看著一個專業鋼管舞教練，在潔西‧薇爾（Jessie Ware）的歌《狂野時刻》（*Wildest Moments*）背景音樂中狂舞。

表演後我到處亂逛，從大房間順路走到了第二大的房間，有個長椅，兩張特大號的床佈置了緞面床單。我走進灰藍色的浴室（空間很大，附設噴水按摩小浴池），跟那裏一對情侶聊天。我說起或許有一天想在奧克蘭找到中意的住處，後院那種小屋即可，附設堆肥廁所。聊天之後，我閒逛出去到了大廳，有些兩人組、三人組已經在躺椅上、沙發上擺開陣勢。派對大致上是美食主題，所以角落擺了些草莓，淋上了巧克力。附近有個幸運轉輪，可以轉出很多指示選項。我跟幾個單身人士聊了一下，覺得像是應徵什麼的口試，最後跟一個男人玩起幸運轉輪來。當時我是抱著幾乎衰竭的決心：快讓好戲上場吧。對方比我年輕幾歲，我們轉動輪子，笨手笨腳依照指示，互餵巧克力草莓，親嘴。然後我們去了第二個房間玩「吸笑氣」（whip-it）。我從來沒試過這玩意兒。

我這新朋友為我解說：把小罐笑氣（nitrous oxide）栓接到不鏽鋼奶油發泡器上，呼出一口長氣，然後一邊按下發泡器手柄，一邊吸氣，讓肺部充滿笑氣，便可造成短暫的一兩分鐘狂喜失神狀態。缺氧狀態令心智消失，生理感覺會變得特別敏銳，傻乎乎，頭暈眼花，只感覺

到處都是泡泡，嗶嗶啵啵。「吸笑氣」在性派對上很好用。因為不妨礙性功能，又可提高生理愉悅，但伊麗莎白建議我別試太多，因為會「越來越不容易回頭」。

那是我第一次「吸笑氣」。我躺著，這男伴輕輕撫摸我的臂膀，有暖和感，也覺得有點來電，眼前只見各種幾何圖形。輪到他了，他要我吻他，我們就這樣親密了一陣子，偶爾吸笑氣一下，床單的皺褶之間堆積了一個個涼颼颼的、色彩鮮明的金屬小罐。我覺得輕飄飄又快活，我們起立，手扶牆，輪流吸笑氣，用馬鞭彼此輕抽。周圍的人像是分了組，各自躺床上或沙發上，或在角落站著纏綿。長凳上有個男的，橫趴在他幾個朋友大腿架成的平台上，像一組打屁股列車。室內充滿了吸笑氣的氣動聲，和金屬小罐在地板滾動的鏘噹聲。我跟伊麗莎白坐一起，玩了一次吸笑氣。伊麗莎白按摩我的頭部，同時另有個男人輕輕用電棒刺激我。

事後有個續攤派對的小聚，在伊麗莎白某個伴侶的公寓舉行。此人與伊麗莎白有些私情，伊麗莎白離去前，我無意中聽到她跟韋斯的對話。她要去玩她自己的，問韋斯放不放人，韋斯笑嘻嘻答應了。我相信韋斯是真心的。但換了我，恐怕會傷心。克里斯也在場，跟他已穩定交往的女友一起。

小聚在新建的頂層豪華公寓舉行，從窗戶看出去可

俯瞰海灣大橋上的 LED 燈光，一輛輛汽車在柱形燈光之下急速駛往奧克蘭，從對向往舊金山來的車流就稀疏多了。公寓看似沒住人，光滑的表面和木板，冰箱設置像藏在抽屜裏，一盆小蘋果，大小色澤都一樣。主臥室有個華而不實沒門的盥洗間，只在側邊開了個像壁龕的出入口，就像室內設計玩過頭的豪華酒店。寫字間的白色板枱上有書架，架子上有書，卻像是用同一高度訂購來的。伊麗莎白曾似笑非笑地塞給我一個保險套，但我跟誰都沒做。在紐約我有男友，而他原先就很不願意我來參加這派對。伊麗莎白說她認識有人很擅長諮商服務，如果兩人的熱度不大一樣，可以談談看如何打開僵局。但我還是把自己視為訪客，或者什麼都不是，只含含糊糊地探詢，無明確意向。我後悔早先太害羞，沒在性派對裏「撩落去」，也後悔那個晚上只跟一個人耗，而不是加入隔壁床一大堆人的摟摟抱抱。我希望往後還有機會碰上這種等級的實驗，也胡思亂想著，這種場合如果不是訪客身份，而是親身參與會怎樣。要是參與了，由於現場大部分都是陌生人，或許我不至於那麼緊張。如果都是我朋友，我會不自在。但此刻我只是坐在寫字間裏，身邊都是昏昏欲睡的派對賓客。大家聊天，看著金門大橋以及流動不停的車流。背景是吸笑氣的聲音，達到高潮的聲音，蓮蓬頭水流潑灑在瓷浴缸裏的聲音。

★ 意指 2045 年，人類社會將到達「奇點」，科技超越人腦，成為文明社會爆炸性成長的起點。

火人祭
BURNING MAN

　　我參加「火人祭」是因為，在我眼中沙漠裏的這個大規模節慶中心，集合了我二〇一三年最感興趣的三大議題：性實驗、迷幻藥、未來主義。但大家都說「火人祭」已經完蛋了，充斥有錢又極度依賴下屬團隊的高科技族群，違背了「火人祭」珍貴的宗旨：徹底的自立自助。「火人祭」成立於一九八六年，二十個人在海灘燒了一具芻像。今天卻有人說「火人祭」已經成為風沙版的瑞士旅遊勝地達沃斯（Davos），是演員艾西頓‧庫奇（Ashton Kutcher），或是阿迦汗（Aga Khan）的老婆那種人才會去的，而且去了只會瞠目結舌，而非參與，懷想當年黃金歲月的人悲嘆著電腦遊戲《插座人》文化之興起，這個社區已經主流化，已經太多 LED，休旅車，發電機，太多科技業管理階層，太多電子舞曲（EDM）了。TED 演講會、科技業行動自由論者（technolibertarian）也都冒出來了。

　　我想自己去看看，所以和另外六人合租了一輛休旅

車。我們這隊伍是舊金山一個朋友組起來的。依我看，要是有人畫得出什麼樣的人「破壞了火人祭」，大概看起來就像我們這些人了，我們都在科技業上班，例外的那人是律師。大家都沒參加過「火人祭」，我們雇了聖地亞哥一家公司把我們的休旅車開到內華達州，事後再幫我們把製造的那些垃圾運回來。

　　我在網路上處理所有的下訂：防塵護目鏡、防曬油、遮陽帽、頭燈、幾具 LED 燈、動物圖案的緊身褲等等，也安排了一輛腳踏車過去。朋友們會從舊金山帶食物和飲用水過來。我也想過如何夾帶要嗑的藥，最後覺得還是人到了就行了，並祈禱有人能把「東西」都帶齊。

　　同時，我那一輛休旅車的同車夥伴延期出發。（他們有這種閒錢，玩得起最後一分鐘改變計劃。）他們拖到最後一分鐘才買機票，隨後又去更改班次。其中有個人在預定出發日期前兩天還沒買機票。另有個人，從網路商店 eBay Now 訂購了腳踏車，要人家一個小時內送貨到他舊金山的辦公室，簡直像是訂墨西哥玉米捲外賣。還有一個搞到最後必須包一架賽斯納（Cessna）小飛機，從雷諾飛了數百英里到黑岩市。

　　我用自己的「飛行常客里程」額度飛到雷諾市，在機場大廳一張折疊桌旁站著等，等到有人願意讓我搭便車。開車的人說是來自康州格林威治，有子女，從事金融

業。他也讓一個來自芝加哥教中世紀文學的教授搭他的車子。這從事金融業的傢伙二〇〇〇年前後原本是做遙控性玩具（teledildonics）的。我們的車穿越空曠的沙漠景觀，高速駛往史前時代的乾湖床，亦即「火人祭」每年舉辦之地。途中我們抽大麻菸，用的是一隻電子噴霧器，外形優雅，像一支黑色的卡祖笛。我們聊了遙控性玩具，也談到六邊形棚屋（hexayurt），日落不久抵達黑岩市「入口」。

此時收音機傳來專用頻道廣播，語氣嚴厲，限制時速十英里。我們就這樣困在車隊裏兩小時。外頭只見人們在自己車子上進進出出，暢飲啤酒，車隊裏開著泛光燈，很多人用對講機傳消息。地平線上可見節慶燈光閃爍，五彩繽紛。今年有六萬八千人參加「火人祭」。來自格林威治市的金融業傢伙說：十三年前他第一次來，有一萬五千人。有個車伴來自墨西哥，說這場面活像是美國墨西哥邊境，尤其入口處檢查車身，像在抓偷渡客。然後我們終於交出門票，與迎接者擁抱，躺到地上，在沙地裏造「雪人」，敲了鐘。我們到了！

營地是環形安排，像但丁筆下的煉獄。以英文字母為序從 A 排到 L，彼此間還有鐘面那樣的分鐘刻度。大部分人住處安排在主題營區，其中有個人寓所，有共用設施：廚房，日光浴場地，遮蔭棚，水箱等等。享受等級自選，豐儉由人，有些活動包括了餐點專送的服務。有

些分別來自加州、內華達州的一大幫朋友，依性嗜好、政治、音樂……專業分組住帳篷。主題營區各有創意，有一個叫做「動物控管」，專門抓打扮成動物的來客，釘上標籤；有些主題營每天早上供應咖啡，有些只播「死之華」（The Grateful Dead）的音樂。

我們這一隊，因為太過信賴聖地亞哥的朋友提供的休旅車，等到最後一分鐘才能籌劃行程，所以沒給指派營區，只把我們安排在最外圈，位於 L 區的七點鐘位置，隔壁就住了個司機，從聖地亞哥開了十五輛次的休旅車來到「火人祭」。名叫黑蘇斯（英文拼法就是 Jesus，「耶穌」）。他帶我到處參觀他的休旅車，他醉得很厲害，講英文帶西班牙口音說很想家，又說厭倦此地，渴望返家，返回明尼蘇達州，（正巧是我成長之地）我們談起明尼蘇達。他給我看幾種不同的簡易床鋪，可供我們七個人安寢，接著又按了一個鈕，休旅車就拉寬了。過程中，藥品櫃的門打開了，鉸鏈扯掉了，鏡面碎在地上。黑蘇斯說：「我來，我來清理。」就那麼空手在地上掃著碎玻璃堆。

我騎單車去了乾鹽湖（晚間各種活動的中心點），經過了幾處壯觀的區域，周圍也很多光鮮亮麗的人騎單車轉來轉去。我騎回來，繞著黑岩市外圍街道，所到之處幽暗陰沉，像是已遭人類遺棄的鬼城。我感到孤單，對這種環境一時有點手足無措，回到休旅車所在地還是沒人，於是又外出，看了一隻電動章魚從鉸接的金屬爪臂噴火，

伴以電音舞曲節奏。我爬上一架太空船（頂端紮了個「火人祭」芻像），然後回到休旅車上，盼著朋友們到達。

結果朋友們凌晨三點才到。我說「朋友」，其實只認識其中一人：亞當。而即使是他，我也僅止「認識」而已。我跟他是朋友婚禮上認識的，夏季曾同遊葡萄牙一星期。最後一次見到他是在里斯本，早晨七點他從我的床起身，準備搭飛機去德州奧斯丁參加朋友的婚前「告別單身派對」，而今我們在內華達州沙漠的夜色中重逢。除了那回事，我們簡直談不上有何瓜葛。或許我們都是這麼想，神奇了：「我們簡直毫無瓜葛！」

他住舊金山，在科技業工作，老是工作過量。從他社交網頁上的貼文看來，他參加一大堆「思想領袖」出席的會議，以及很多旅遊婚禮、滑雪之旅，跟一大幫朋友在美麗的寓所度假，也經常在他那迅速擴張的公司開展各種鴻圖大計。他訂購了基因圖譜（DNA mapping）服務，可預測你會怎麼死，預測結果還發布在手機 app 上，因此你的手機會知道你罹患心臟病的機率。我跟他聽說了有「火人祭」這回事之後，談過想不想參加，談過朋友都嗤之以鼻但我們都很想去。他認為那是擴展人脈的好機會，我們也視之為千古一遇、此刻才有的機緣，我們都對這種事很有興趣：因當下而生的特殊意義。

此時，他穿上反光的連身裝，戴一頂軟呢帽。我們

吃了些含有大麻成分的焦糖爆米花（從加州某地藥局買來的），接著出門，日落才回到休旅車。車內雖然還有其他夥伴，我們仍當眾交歡。事後我暗自心想：「我要跟這個人睡一輩子。」

　　我花了三十六個小時才適應了「火人祭」。我身邊有些事情發生了，是我可以參與的，但我不知如何開始。當初入口處的接待員發給大家導引手冊，書名是《何事何時何地》（*What Where When*），其中列出種種活動名稱，讀起來就像未來主義術語所寫的散文短詩：「科技新都城社會創意之未來」，或「未來的創意自治區和自治市……靈活應變、蓬勃發展的能力、開放式的數據；以我們的通關密碼和電子貨幣，融合基因組和生物統計學，你的未來是什麼格局，社交創業者與自由文化開創者，『駭』垮系統、擊潰網段」。若是對性實驗有興趣，此地有無窮無盡自我教育的機會。有「OM（高潮冥想）」講座、「薩滿風格的自動窒息法」、生態性慾（eco-sexuality，包括譬如：因自然界啟發的性意識），「從女性觀點看宗教致幻劑（entheogens）」、「吾人月信中的密宗精義」、「性，嗑藥，電子音樂」，以及參與群交活動的機會。

　　我騎單車到處轉，人家送上檸檬水等飲料我照單全收，一路上也跟人聊天。我聽了一個講座：關於迷幻藥治病的最新研究，也聽某女士講她的論文《因電音舞曲所引發的人際現象》。亞當抽了大麻，顯得動不動就容

易興奮又散漫，他床邊是堆積如山的塑膠水瓶。我搞不清楚他現在的想法：是想跟我一起呢，還是把他經歷過各種奇幻人生的肉體投入「火人祭」赤裸裸的種種奇幻。我也不知道自己要的是什麼。第二晚，為了給大家進退之間多一些餘裕，我騎單車往乾鹽湖外圍走，那裏空曠且安靜，有些冷。當晚我很早就寢。

翌日我大約九點起床，獨自一人外出，走路經過一座三合板搭起來，漆成黃色的亭子。招牌上寫道：「金玉良言：關於非一對一關係」。強風中，一面彩虹旗被吹得緊繃，旗面上有反白的「Yes Please」字樣。下方是一面黑旗，有海盜骷髏頭和人骨交叉的圖案。亭子上的標示寫說醫生很「平易近人」，並「現場侯教」，但眼前空無一人。我走近幾步，想看看亭子裏面貼的文章寫了什麼，有一句就說：「人類之進化，不是為了成就一對一伴侶關係的。」

我就站那兒，斜著眼，突然從某個帳篷鑽出一個剃光頭的高個子，手上拿的咖啡杯裝飾華美，雖是睡眼惺忪，卻意態從容地緩步走了過來。此人曬得黝黑，有雙藍眼睛，帶著北歐口音。我們在亭子旁隔桌對坐。陽光正烈，亭子側邊有兩把傘靠著。他問道：「要不要給你一把傘？」並開了一把彩虹傘，我撐了黑傘，兩人從傘下對視，我拿掉了太陽眼鏡。

他問：「妳有問題要問嗎？」

　　其實我沒打算發問。但我說，最近一次伴侶關係於兩年前結束，似乎從那時開始，我就處於「非一對一」情境，包括同一段時期與好幾個不同男人發生性行為。我一邊說著，自然而然心裏算起人頭，歸入同一段時期內。我的人生不過如此，過自己的日子，偶爾跟他人睡覺，有時候我想跟人家認真走下去，有時候是對方想跟我認真走下去，但過去兩年來沒碰上雙方想法一致的。我這行為起先只出於不經意，仍等著碰上我愛的人，形成伴侶關係，後來，我還是跟男人睡了，但想法不一樣了，不在乎睡這一覺是否導向任何目標。我覺得這是個方式，跟能挑動我、想深入了解的那個人更親近的方式。我說這兩種男人：一種是與我發生肉體關係的，一種是與我在思想層面上交流的，兩者間的差異總是令人訝異，不過，這中間還是有些問題。

　　我還是沒達到我想要的那種自由無礙，有時候就是無法跨越障礙，那種令人無從表達自身意欲的障礙。被人家拒絕還是很痛，卻也不至於令我要死要活。我越來越懂得為自己開解，我把對方的拒絕視為誠實表達真正感受，而不是對於我個人品行或缺憾的判決書。此外，與每個男人的親熱纏綿的確幫了我，幫我心碎之後還能重返人間。但有時候，萍水相逢的性愛我要不麻木不仁，要不急切不知究竟渴求些什麼，雖然手機觸屏上琳瑯滿

目備有各種專門為此設計的便利措施，還是很難完全從心所欲。

我跟眼前這位大師說了這些，他喝了一口咖啡。此刻天氣沒那麼涼了，暖意漸升。我找不到什麼一本正經要問的，想來想去，問了他：嫉妒心怎麼辦？

「那是妳一定得去感受的。是我的話，不會嘀嘀咕咕想要講出個道理來，但我也不假裝什麼都沒發生過。我讓自己完全沉溺其中。」

他來自荷蘭，曾經處於多重伴侶關係，但已結束，因為他明白了一點：他們已經不相愛了。或許，多重伴侶關係只是兩人之間比較緩慢的分手。我覺得，說不定那是比較人道的方式，反正，一般而言，大多數伴侶關係中雙方都能揣摩這段感情會如何完蛋。最後，我戴上太陽眼鏡，收傘起身，繼續走路。所到之處，街道仍不見人跡。就黑岩市而言，現在是太早了。

我經過一間圖書館，便進門坐下，閱讀一張不知道誰辦的大開本的日報，只在「火人祭」舉辦期間出版，我讀的是星期三的報紙，而今天是星期五。有個圖片說明，說某人從野狗鋬像上摔下來。坐在我對面是個戴黑色鏡框的黑髮男人，仔細讀著一大堆的漫畫書。沒來由地我們說起話來了。

他跟我一樣住布魯克林，這是他第五次來「火人祭」，剛在一個沙龍主題營區剪過頭髮。既然我們身處圖書館，談的就是書了。我們談到一本《如果世界沒有我們》（*The World Without Us*），說的是萬一人類突然消失，植物重掌主控，城市逐步毀廢，全球暖化的作用何時完全發揮，塑膠製品會滯留多久⋯⋯。我們也談到書中提及的巨體動物群，以及牠們竟然與人類歷史吻合，包括六千年前阿拉斯加外海島嶼還有真猛瑪象。他還提到：世人所想像的恐龍如何壓制了巨體動物群。我們也談了舊金山的「永今基金會」（the Long Now Foundation）（由斯圖爾特・布蘭特（Stewart Brand）創辦。他想從遺傳學角度讓巨體動物群復活，他也創辦了《全球目錄》（*the Whole Earth Catalog*））。我說起我聽過《一四九一》、《一四九三》兩書作者查爾斯・曼（Charles C. Mann）在「永今基金會」演講，而他也聽過那場演講的「播客」（podcast）。我們聊了《一四九三》那本書，聊到哥倫布登陸之前北美洲沒有蚯蚓，以及西班牙人如何僱用日本武士去對付墨西哥的阿茲科特人，還聊到，總該有人拿這題材拍電影吧。我們也談了《納尼亞傳奇》（*Narnia*）和美國科幻作家娥蘇拉・勒瑰恩（Ursula K. Le Guin）；巧的是他正在讀娥蘇拉所著《地海巫師》（*The Wizard of Earthsea*）。接著我們也說起娥蘇拉的行為舉止：既是無政府主義者，也是崇尚性自由主義者。他告訴我，娥蘇拉小時候，家裏收容了一個印第安人，是在加州過傳統生活方式的最後一個美國原住民，某日漫遊走出森林，

流落到某蔬果商店的停車場。我問，他說的可是法國人類學者克勞德・李維史陀（Claude Levi- Strauss）在其回憶錄《憂鬱的熱帶》（*Tristes Tropiques*）書中所說的同一個人。他說是！

各位讀者您瞧瞧，我的歸宿應該就是圖書館！雖說那位「大師」的忠告亦足以發人深省，但我知道了，往後應該只跟圖書館裏的人交朋友。下次再來「火人祭」，我將抄捷徑直接前往黑岩市圖書館的路線，那會直通所有萬事的核心。

此刻對方問了：他想去蒸汽浴，問我要不要一起去？我們若能中午開門之前抵達，應可避開排長龍。於是我們往蒸汽浴主題營區走，彼此自我介紹。姑且稱他做「月狐狸」吧。（不是他真名，但很像來到「火人祭」的人會給自己取的名字。）我問他幾歲，他不說。於是我先說了：「我三十二。」接著他說：「我三十三。」

我們在正午剛過的時候抵達蒸汽浴營，沒有大排長龍。管理的人發給我們各一只紅木片，說：「你們是最後兩個。」我們大約會有一小時，管理員一小時後才會呼叫其他持有紅木片的人過來，這種僥倖未免太甜蜜了。我這新朋友說：「搞不好他跟所有人都這麼講。」

我們走向他的營區，營地取名「亡命之徒」，主題

有些牛仔氣息，入口處有兩扇酒吧門。他備好漏斗，給我倒了咖啡，自己去忙別的事，我等著水滾。周圍是些來自聖塔科魯茲的小伙子，都二十來歲，吃著蘋果，在咖啡裏面加榛子奶。看到一個年輕人給其他人分發白色粉末的膠囊。對方問：「這什麼？」那年輕人聳聳肩，答道：「Sparkle dust★。」語畢，一口吞下去。而我到現在還不知該怎樣夾帶自己要嗑的藥進來，一直覺得這應該是突然就會碰上了的事情。此時，有個高大且二十來歲金髮男子進到帳篷來問誰有防曬油，所以，月狐狸朋友回來的時候，我正在為這金髮俊男寬闊的古銅色背部塗抹防曬油。隨後，我備好我的咖啡，跟月狐狸一起走回蒸汽浴。

到的時候正好趕上叫我們號牌。我們脫光站在隊伍裏，太陽曬在赤裸裸的身上很舒服，有人發給我們遮陽傘。蒸汽浴設在六角棚屋內，我們在裏面待了一陣子。這裏有學院校園氣息，有人哼哼唱唱，用水龍頭互噴。我們認識了一個從蒙古來的人，用「Dr. Bronner 薄荷肥皂乳」洗掉沙塵。洗過後，鍋爐般的沙漠空氣特別清爽。我們在陽光下讓身體曬乾，穿上衣服，決定接下來要去「群交大堂」（orgy dome）。據說，參加者「起碼要兩人，或兩人以上」。首先，我們得去取我的單車。

為了取車，我得通知亞當我的去處。於是我把「月狐狸」介紹給亞當認識。我猜，亞當已有他自己的赫赫

戰績，他曬得更黑了，而且只穿了一件閃爍金光的小短褲。我看著他心想：吃醋吧你！

往「群交大廳」途中，我們在一個電視劇《邁阿密風暴》主題的派對待了一陣子，喝了飲料，吃了小點心。入口處看門的兩人，打扮成劇中兩個男主角的樣子。我要了一杯蘭姆酒特調，月狐狸只要了水，原來他不喝酒。我們坐在空置的充氣式泳池內，坐在充氣枕之間，兩人相視而笑。

我跟他還未曾討論去「群交大廳」的目的，畢竟相識不久。「群交大廳」本來說有空調，但其實空調很不夠。有人給了我們小袋子，裏頭裝了保險套、潤滑劑、紙巾、薄荷糖，以及一張說明書，指示事後如何處理這些東西。我們走進大廳。我很失望，沒看到什麼群交，都是異性戀伴侶之間的性行為。月狐狸跟我坐長凳上看著。我們感覺不自在，要不我們得做點什麼事，要不走人。
我問道：「我們兩個要不要做？」
他說：「要……妳要嗎？」
我說：「我要。」
他又問：「妳沒問題？」
我答道：「沒問題。」
在門口接待我們的那位女士曾予我們提示，表達同意必須清晰而明確。

我們離開「群交大廳」的時候，去了附近一個遮蔭棚架，裏頭有西塔琴樂聲。有個女士，說是從俄亥俄州哥倫布市來的，手持一壺冰咖啡，幫我倒了些，冰涼且味道很棒，摻了甜煉乳。我問月狐狸要不要嘗一點。他聞了聞，似乎很心動，但還是拒絕了。他說他盡量做到一絲不苟，他只在「火人祭」才嗑藥。他是無政府主義者，生活上盡量接近他的政治理念，包括不食用來自幾千里外的東西，譬如咖啡，他不准自己看色情片，沒有手機，也盡量以最低薪酬的工作維生，藉此表達抗議。

　　我問為何不看色情片，他說會搞亂他腦袋。我們談起男女性意識的差異，我說，我認為男女都想要性，但或許女性較難接受重複的行為。當時，我想到的只是我自己的身體，覺得疲倦。

　　我說：「感覺很沮喪，因為要是身體吃得消，我今天本來可以多做三次。」

　　他說：「我本來可以多做五次。」

　　他還說：這種事是這樣的，如果你很久沒做，慾望會衰退。要是有了一次，就隨時都想要。他說，每一次來「火人祭」他都未曾與女人交歡或親熱，我不怎麼信。他說：「這種場合還是女人機會多。」但這句話我也不大同意，看看眼前有那麼多美麗赤裸的肉體正昂首闊步呢。

　　我們都覺得累了。他說，交歡之後若沒能小睡，他

性／愛未來式

會一整天隨時找機會睡覺。我們談到性行為如何喚醒女人，如何令男人疲倦。這感覺很輕鬆，在性別議題上拋出一些泛泛之論，懶洋洋地，拋出去就行，不必抱持寫作時候所極欲抱持的立場。（我一向認為，不應該分出「男性」、「女性」這種個體差異，而應該只是行為方式上的光譜，在人生中的光譜，而這些都是可以因科技和人造荷爾蒙調整的。）

我們離開西塔琴帳篷，騎上單車往乾鹽湖走，打算去看仿俄羅斯「和平號太空站」模型，我們找到後便進入太空站。有個俄羅斯人，是當初建築團隊一員，正在拆燈泡。因為這太空站預定今晚要放火燒掉，此人樣貌陰鬱，正如我們心目中的俄羅斯人，講話口音頗重：「我第一次來美國，第一次參加『火人祭』。」我們問他會不會把「火人祭」帶回俄羅斯。「俄羅斯沒有像這樣的地方。」他說，「等等就快下雨了。」

我們離開太空站，騎單車往「歸一殿」（Temple of Whollyness）去，那邊有他朋友的朋友要舉行婚禮，我們經過一個瑪雅金字塔，上面豎立Facebook的巨型「按讚」，晚一點也是要燒掉的。月狐狸說起一九九九年他第一次來「火人祭」，都沒有這些東西，沒有Facebook的按讚，沒有手機附帶攝影功能，沒有俄羅斯代表團，當時規模小得多，只有強硬的環保人士那一類，強調「別留下任何痕跡」，但其實都沒變，若說是不一樣了——錯！現

在只是規模大了，就像任何社會發展，總會形成不同的層次肌理，要經歷各種問題。

這大殿也是金字塔形狀。裏頭有宗教傳統相關的物件，沒根據其歷史擺放，只是擺在一起，一種「泛精神」的交錯，怎麼說呢，就是「合一」吧。房間中央，給一個佛教的槌砧佔了，數以百計的人圍坐著冥想。牆上掛了鑼，定時自動敲響。外頭有人裝飾了牆面，設置了神龕，讓人紀念過世者、死掉的寵物，或想拋開的煩惱。我看著這些拼貼，人們跟自己亡母、亡友、已逝兄弟姐妹合照的拼貼。這種種的愛意，這種種的思念，這麼拙劣的整理，這麼難得一見的表達。我看了看月狐狸，我們眼裏都有淚。

我們沒找到原本預定出席的婚禮，還誤打誤撞進了別人的婚禮，於是我們也順勢為一對新人喝彩。其後，我們一起坐在陽光與沙塵之下，組合了一個夾板做的六邊形棚屋，與其他六邊形棚屋連結，宛如一個大結構裏頭的小分子。本來是要我們留幾句話的，但我們什麼都沒寫。我們看著棚屋被安排妥當便離去了，到了星期天這些都會一把火燒掉。

日頭漸漸暗去。月狐狸說：「通常這個時間我就回去小睡一下。但今天……今天這日子我不知道怎麼過。」
我明白他的意思，我一輩子從來沒這樣，這麼快就

跟別人如此親近。我們去了頂著網格球形的一棟建物，也去了一個教堂，裏頭有風琴，月狐狸說打算在當晚給燒掉之前彈一次。裏面有更多的人在結婚。月狐狸挑了一曲〈新娘子來臨〉（*Here Comes the Bride*），大家為快樂的一對新人歡呼。我們騎單車回到「亡命之徒」營區。他跟我分享他的晚餐：烤起司三明治，還有蕃茄湯。他要我晚一點再來找他，說他或許有些「蘑菇」（墨西哥蕈類迷幻藥）。晚些我過去了，他穿著皮短褲還戴了一頂飛行員帽套，沒穿襯衫，也沒有多餘的「蘑菇」！他說：「我昨天晚上一起的女孩子……剛才在這裏。」咦？他不是說……？算了，無所謂。我們相約次日正午見面，但我沒赴約。

我回去我們的休旅車，才知道原來這裏就有藥可以嗑。我們用了平常分量一半的合成迷幻藥出發夜遊，藥性漸漸從濾紙滲入嘴裏，同時，「和平號」太空站燒起來了，舉行婚禮的教堂燒起來了，Facebook 的「按讚」雕像燒起來了。眾人在 LED 燈光撐起來的風景線之間漫行，那是電影《創：光速戰紀》的光譜，是未來的視野，把當下變成了未來。那是個充斥電音舞曲的未來。

此刻，藥力衝上來了，就在我們嬉鬧於紫光急竄的藝術裝置之下的時候。我們在燈光下跳舞，奔跑，歡笑，上氣不接下氣。我們坐上忍者龜的車，有一輛形狀像巨型北美水龜，還一輛是末日幻想形狀的海盜船，我們在

車上跳舞。下方只見「火人祭」來客騎了單車，像深海甲殼動物那樣發著磷光，繞著我們走。日間的記憶不斷浮現，我似乎還記得看到別人交歡，隨後就頓悟：我只是看到好幾輛腳踏車撞成一堆。眾人又多嗑了一些藥。

我們碰見一座電話亭，說是可以打電話給上帝。我打了電話，跟上帝說話。

上帝說：「早安。」

我說：「現在是早晨嗎？」

上帝說：「在妳那邊現在是。」

我問道：「祢在哪裏？」

上帝說：「我無所不在。」

「就是這樣，才搞到沒人喜歡祢！」我嚎叫了一聲，掛斷電話。

我猜，這個上帝應該是個資深的火人祭班底，上了年紀住這附近，因為今年無法參加，於是臨陣磨槍趕造了這麼個魔幻電話亭。我想：像他這樣的義工遍布各地，等著電話讓他們可以當一次上帝，同時跟乾鹽湖保持心有靈犀。我想，說不定電話就設在附近某處的帳篷裏。

我腦袋裏浮現了陰謀論。此時一輛忍者龜汽車趕上來，走在我們旁邊。我看到車上有好幾個年紀較大的人，五十來歲或六十來歲。我覺得他們是貴族，似乎穿了阿茲特克印第安人服飾，或戴了路易十六風格撲了白粉的

性／愛未來式

假髮。他們是高雅的教士，從高空觀察人間，看著古今所有精英族群的整體及延續。他們的車是彩虹色琵琶魚形狀，名叫「迪斯科魚」，由程式化的 GPS 衛星導引系統掌控，自動駕駛。而它「鱗片」上的色彩就是 Google 商標的主色。在我眼裏，這條「迪斯科魚」是 Google 的密謀，藉著自動駕駛的車隊大陣仗，用來對抗「火人祭」的反公司文化性格，而管理階層就坐在第二排某處監控。我這猜疑似乎被證實了：有一個他們的人跟我們其中一個朋友談起來了，討論在古根漢博物館辦個什麼展出。

無論如何，我們還是坐到「迪斯科魚」上跳舞，玩到太陽升起。眾人慢慢走回我們的休旅車，大家仍然一直講話，人人都體驗到「整體的和諧感」。朋友間有個人剛剛離開他自己創辦的公司，走的時候荷包滿滿的，他這一輩子再也不用上班了。他說了這一年來的思考：那工作本身頗具魅力，後來卻轉為像絞肉機般，辦公室有各種規條，讓他覺得再也沒有歸屬感，他也不想再待下去，直到他要來「火人祭」的前一天，公司付錢請他走路。他戴的帽子上面寫道：「航空公司新科飛行員」。我們坐在休旅車外頭的時候，亞當回來了。他穿藍色緊身褲，白色毛皮背心，臉上顯然是有人幫他塗了油彩。他生氣勃勃，騎單車騎到乾鹽湖邊緣看日出。我抱了他，好開心又看到他。另外有人去了乾鹽湖外圍的一個「機器人之心」日出派對。其中，伊朗籍投資家薛文‧皮舍瓦（Shervin Pishevar，曾在髮型上刮出 Uber 交通網路公司

的商標）在音響系統上狂舞。接著那個企業律師抵達，穿「超人」短褲和比基尼。

　　我心想，難怪那麼多人恨死了「火人祭」（好吧，這有點憤世嫉俗）：富人來度假，幹盡各種破壞規矩的好事，而那些規矩一般人不遵守就要受懲。所謂「創意自治區」（creative autonomous zone），其實有偽善的一面，我不喜歡。這些人大部分會回到自己原來的人生，回到他們的工作，繼續製造人類這世代最大的鬧劇。他們嗑過藥，但不會參與嗑藥「除罪化」的爭論，不會讓人知道他們在「群交廳」幹過些什麼事。「火人祭」有個 Facebook「按讚」大拇指雕像的火葬禮，他們都在場開心嬉鬧，這種事也不會在 Facebook 員工餐廳上聊起。這些人，為全世界貢獻了過多的照片、「現場事件」、無窮無盡的思念前男友，如今卻在慶祝「不需要網路而仍能尋獲自我存在的自由」。老天爺，當初是誰把我們一起捲入網絡世界的？還有這些垃圾：聚酯纖維的毛皮護腿緊身襪、塑料水瓶、用過就丟的電池，這些用碳氫化合物造出來的，永遠不會消失的垃圾。

　　要抗議日常生活中這些事情，得付出龐大的社會代價，只有月狐狸這種人願意咬牙承擔的。或許這就是資深火人祭班底為什麼不喜歡新一代出席者，因為新來者贊成「自治區」的概念。門票四百美元，不但表示有權入場在先，也表示有權完全忘卻「火人祭」所發生過的一切。

無論如何，這地方感覺很對味，在這裏，我做了很多早就想做的事情，很多在家裏絕對做不到的事情。而且，如果此地感覺很對味，如果「火人祭」這些年來快速擴張是因為很多人覺得此地「賓至如歸」的話，那麼，一定是我們在自己家裏覺得不對勁不自在了，我們家裏有個舊有社會結構在管治你我的人生，令人在自己家裏覺得孤獨，孤立，無法形成我們渴望的感情聯繫。

　　如果要我預測未來，我說：「火人祭」只會延續到我們這一代，我們這一代的人生，有一部分是沒有網路的年代，我們力圖適應真實人生能切合科技發展的一代。我希望，年輕一輩再也不需要「自治區」，他們的人生不會有羞怯。他們會有自己的新品種迷幻藥，新形式的性愛。他們對自己的看待，不是分成男女兩性。他們會跟他們的機器完美結合天衣無縫，而沒有我們的尷尬，沒有我們對所謂真實性或原汁原味的吹毛求疵。

　　我起碼二十四小時未曾闔眼，但我還會有很長的好幾個小時無法入眠。我希望讓感知就此停機，但它不肯停。

★ 很高等級的大麻。

避孕與凍卵
BIRTH CONTROL AND REPRODUCTION

　　當今節育技術之不充分與不恰當毋庸贅言。女人一生與避孕丸和避孕器關聯甚密,導致變胖,以及失血、性慾減低、皮膚變差、血凝塊、靜脈曲張、沮喪等等。有些女人花了大錢,做了侵入性的技術,到頭來發現沒什麼作用,還得因其他因素而卸除。我們採用節育技術是為了避孕,也為了避免子宮內膜異位、卵巢癌、粉刺。但我們往往得去聽醫生說我們有哪些哪些「選項」,才心不甘情不願想到自己身上有哪些問題。美國女性將近半數在四十五歲之前會有一次意外懷孕,十個人有三人墮胎。

　　我十八歲初嘗禁果,從那時開始吃藥,之後十年換過好幾種藥,有些會搞壞皮膚,有些害我變胖,有些在醫療保險內,有些沒有。有些令我完全失去性慾,我懷疑就是那些藥物讓我二十來歲的沮喪期更加惡化,於是換了藥。二十八歲的時候,吃藥已十年,醫生告訴我,

根本不應該服用含雌激素的藥丸，因為我偶爾會出現有預兆的偏頭痛，令我血栓的時候中風機率增高。於是停藥，六個月後才恢復月經。

後來有了男友，實在不想再見到保險套，便植入不含荷爾蒙的銅質子宮內環，結果經期比往日拉長了一倍。有個醫生建議我用更年期激素，對付流血，結果毫無作用。我吃了一種孕酮小藥丸，豈知足足流了兩個月的血（是這種小藥丸常見的副作用），令性行為很尷尬，也很明顯讓我那男伴望而卻步。想起來實在荒唐，在這科技發達的年代，我還在依賴四十年前所發明的原始的銅環。

但我去拿掉子宮內節育器（IUD）的時候更糟糕了：要把節育器拉出來的尼龍細線當初剪得太短，無法著力。先是付錢做超音波，看看是否還在子宮裏面，好，還在。然後我看了很多位醫生，有的毫無幫助只令人更煩躁，有的說起要執行這樣那樣的手術，到最後終於有個手術順利移除。所有我能做的避孕選項都有風險，有副作用，五百美元起跳。雖說大部分器材是在「歐巴馬健保」範圍內，但植入子宮內節育器之前必須做測試，必須自付。所以老是只能套子、套子、套子。有個醫生問道：「你只靠保險套，能維持多久呢？」當時我有男友，所以有一陣子只能靠他自律，但我實在不想要懷孕。我裝了塑膠且含有激素的子宮內節育器。這是一九七〇年代就發

明的技術。有半年之久，有時流血，有時正常。幸而突然間，宛如奇蹟發生，我的身體逐漸接近正常狀態。

一般是這麼想的：人類發明種種技術，為人類各種需要所用，並部署各種器械以資彌補，但有時候我們像是削足適履，調整期望值而屈就於承襲已久的技術。在避孕方法上尤其如此，過去四十年來幾乎未見令人耳目一新的變化，在保障避孕、同時預防性病感染方面，我們竟然把保險套視為唯一手段，並視其局限為理所當然。最佳避孕方式在預防性病上卻是最糟糕的手段，我們也見怪不怪。有些女性無法使用激素，選項極有限，我們卻幾乎視若無睹。有些人希望懷孕而其伴侶帶有慢性病毒，我們並未視之為高風險。還有，為男性而設的避孕技術最後一次進展，是一九二〇年！只因發明了乳膠！

一九九五年，美國國家科學院醫學研究所發表報告，呼籲進行「避孕技術二次革命」，並列出上述種種缺失以及公共衛生議題：（包括美國在內）各國非預期懷孕與墮胎比例攀高，人口快速增長，以及弱勢族群不易獲取充分避孕手段。其後二十年，人類社會出現種種突破：電腦技術、理論物理、人類基因組解碼等等，但上述問題一個都沒解決。

私營部門對節育工作的投資，已從一九七〇年代的巔峰時期急劇降減。規模最大的那些製藥生技公司多半

已放棄這方面的研發。就製藥公司的角度而言，放棄利潤豐厚而廣泛使用的每天一顆藥丸，轉而趨向長效而獲利較低的替代方案，顯然不符合公司利益。由於此類避孕方式行之已久，為大多數健康正常的一般人所用，因此測試工作和政府通過管理法規都很難推動。近幾十年來若有任何新意，大半來自政府部門，或蓋茨（Gates）基金會之類的慈善機構。

　　性行為模式也在變，譬如：平均而言，性伴侶人數增加了，婚外情時期變長了，都與避孕科技研究經費減少的現象同時期發生。我們今天所用的技術，是針對當年的性行為道德規範而設的。我聽過某醫師關於「高風險」性行為（亦即不帶套）的長篇大論。當時我可沒想到，他所報告的那些結果，一整套的研究模型，其實源於半世紀前的社會狀況。幾十年來，預防性病被人視為有別於避孕節育的一種作為。當時的假設是「規範的大多數」不必擔心此類風險，忠誠的伴侶關係擁有的是穩健的生育能力，性病感染風險較低。閱讀早期關於節育的研究報告可見，強調的部分往往是：人類應調整行為，以符合技術上的侷限，而非調整技術，以應對更廣泛的性行為模式。

　　我們僅僅為了爭取避孕機制已令人精疲力竭，顯然忘了提出其他需求。我們把眼界放低了，尤其是如果你想到避孕措施是文明進步之一，就像識字率、或口腔衛

生，是不會走回頭路的。避孕技術是人類肉體與人類科技之間奇特的融合，由此而生的互利關係，且未來並將加速。就絕大多數美國人而言，控管人口成長似乎理所當然，也是我們成年人歲月中大部分時間都參與維持的，導致美國平均僅有一點七個人懷孕。

女性獲取生育能力最大效益的時機很有限，但那短暫的「檔期」總是被視為女性的「自然」狀態。世人在這方面的思考，最大的障礙或許是還堅信一種已過時的生理宿命觀念，而這觀念卻源自早期避孕藥所決定的人為週期，其後永遠供奉在二十八天塑膠盒聖殿內，迫使女性依據月相盈虧去買藥。而且，如此牽涉極廣的問題雖然已獲健保一部分協助，在財務上卻仍是不成比例的負擔，且仍遭一般人視為半數人口（而非另外那一半）的個人負擔。我們對節育措施只當做是選項，而非人權，因此我們不僅遷就於可悲的技術現狀和狹窄的效益，也越來越「認命」，把無法育養小孩的人生視為無從抗拒。

如今，美國成年人五個就有一個沒小孩，這數字在一九七〇年代，是十人之間才有一人。二〇〇七到二〇一一年之間，美國的生育率減低九％。二〇一三年每一個女性的平均嬰兒數目降到最低紀錄。要不要生小孩這種問題我們已逐步視為選項而非必須。我自己就要到那年齡了，如果我還不生小孩，就表示了我的選擇。但我心想，曾幾何時我「選擇」了？

二〇一五年八月，一個悶熱的晚上，我陪一個朋友進了她臥室。我的男伴和她的男室友都留在起居室，看ESPN的比腕力比賽。她準備做注射的時候，我看著說明書，然後坐在她素淨的床上，看著她在房間另一頭，背向鏡子，脫下了牛仔短褲，皺著眉頭，視線跨過肩膀想找到正確的角度。這種注射必須是肌肉內的，她上過三小時課程，學習檢查針筒氣泡，以及避免注射到靜脈。她已經在正確位置上用筆畫了記號，就是她牛仔褲後口袋鉚釘的位置，然後她給自己打了針，事後臉色蒼白的坐在床上。

　　醫生說她這種大劑量的激素是「擊發針」，過了這幾天準備期之後，會催化她卵巢一次釋放好幾個卵子。如果次日的懷孕檢測顯示陽性（亦即假孕，表示人造激素潮流過她血管），就表示這次注射成功。三十六小時後，我陪她去了曼哈頓一家診所，讓診所「採集」她的卵子，並予低溫冷藏。護士已經警告過她，候診室裏頭會有些看起來「悲傷的臉孔」，原因都是受孕能力治療不順利。我心想，意圖拖延生育期的人，跟想要生育能力復甦的人，竟然看的是同一個醫生。

　　這一切都還太新。美國聯邦藥品食品署不過是二〇一二年才剛剛解除冷凍卵子的「試驗」標籤。次年，就有五千名女性冷凍了卵子。到了二〇一八年，此數預計將

每年高達七萬六千件。同時，Facebook 和 Google 都已宣布，願意為僱員支付冷凍卵子的費用。我身邊的有錢朋友於二〇一五年開始做冷凍卵子，直接付款。一個週期的冷凍卵子費用可達一萬美元，另加每年五百美元低溫貯藏費。有時候要不止一次才能順利催化、採集。其後，若當事人想以冷凍卵子試行試管內受孕，則須另外付出高額費用。整體言之，試管內受孕多數未能生出活胎。

這就像原本單純的事情，我們非要搞得非常複雜。這些女體，已成熟到可以生殖，卻以控管手段對抗生殖能力，最後使盡全力試行生殖，卻是在冰冷的手術中進行。我那些三十來歲的朋友，在各自專業領域內獨當一面，由於人生各種狀況未能完全照計劃進行所以這麼做，依靠冷凍卵子的技術想要延長生育能力。她們在職場出類拔萃，住的是愜意的公寓，也有足夠的錢舒舒服服建立家庭，但她們還沒找到「宜家」的伴侶，她們需要這樣的伴侶供應所需的基因元素，一生的支援和愛情。她們也想為人父母，就像把她們撫養長大的父母；而「愛」無法營造，卵巢卻可以。

在這一切之上有個選擇題類型的概念，那是在目標與結果之間一種很任性的連結，把經濟、技術、社會等結構變遷，都降減為僅是單一個人的決定。「選擇權」，或說是對節育、墮胎等等的選擇權，不同於我在這裏所說的選擇權所要表達的意思。我的意思是，要不要生小

孩的問題讓一種虛幻的想像合理化了，亦即人生必須在某個特定日期之前塞進一個統一的框架內。這選擇題問的如果只是「要不要生小孩」，則任何人想要的，生理上做得到的，她們就生了，其實很多人也就是那麼做了。但我從朋友身上看到的，這其實並非要不要生小孩的問題，而是要不要建立一個核心家庭的問題。這跟生小孩不同，很不幸，不是你我可以一廂情願的。

　　我曾想，要是有個女醫生搖頭說我不可能生小孩了，當場我或許很難過，但起碼逃離了婚姻，可以過自己的日子，隨遇而安，永遠不必「做個決定」回過頭來去符合我長大的那種家庭模式，而那種家庭模式，就是為養兒育女的穩定環境而設的。我要是斷了生育之念，能否遇上「一生伴侶」就沒那麼了不起了。要是沒小孩，我看不到任何特別的理由或需要，去跟某個人合組家庭。但接著我會想到未來四十年，漫漫長路，而我經歷很多精彩的人生，大致上完成了我想做的事情，也抽出一部分時間去照顧一個我想照顧的孩子。依我看，生小孩的先決條件是有人願意跟我一起養小孩，有了這麼一個人我才會「決定」要小孩。然而，我雖曾有此念，卻從未遇上同樣心思的另一方。我當然可以自力撫養小孩，很多女性就是這麼做了。但若要視若無睹，以為她們未曾因此而付出沉重代價或承受極大壓力，那未免濫情得可笑。我不必為了生孩子而結婚，但這個社會的構成，在經濟上、社會上，都令單親扶養小孩極為困難。在美國生孩子費用

很高，平均而言高出三倍於其他國家。美國嬰兒死亡率，在最富裕二十七國之間是最高的，在黑人女性之間更高。此外，舉世僅三個國家沒有帶薪的育嬰假，美國是其中之一。

所以你說呢，我們有得選擇嗎？那些「凍卵」的朋友並不覺得自己在「選擇」，她們想要小孩。我有些朋友想懷孕，但身體不合作，她們也不覺得自己有得選。我們年輕約二十來歲的時候避孕，那時候我們是真正在選擇嗎？難道那樣就表示我們不打算建立家庭？感覺上根本不是那回事，更像是「家庭」不肯選擇我們。

女性有了小孩之後，就逐漸失去平等地位。據聯邦勞工統計局資料顯示，沒有小孩的和未婚的女性，收入只有男性薪資的百分之九十六。有些研究發現：女性懷孕的時候會遭到「薪資減損」，與男性相比，每一次懷孕就減損百分之四，而在低收入家庭減損更多。就生孩子而言，有些女性把這種不得不然的形勢轉變視之為高貴而美麗，但很多女性卻不是這麼想。或者，女性原以為可以在人生某個點上才擔負起母親職責，到時候卻驚覺已三十六、七歲，而必要的犧牲竟然這麼大，甚至是人生中最大的代價。

現在我們常看到這種新聞：傳宗接代危機，很多女性「等到最後一刻」才生小孩。（話說回來，可以確定

的是：每一次科技進步做得到的話，女性就更願意把生育年齡往後延。）

　　我們看看，如果是這樣計算：一方面，你有個到今天已知的人生經驗，以及已經累積的「性體驗」，另一方面，你覺得已擁有愛情，而這愛情高過其他任何形式的感情關係，你也出於本能，只因當了媽媽，自信可以輕易屈從於專業女性地位的一步步降低。然而，此中你對於感情滿足方面的期許，（和婚姻一樣）其實奠基於一種宗教式的信念，投射在一種與你迄今為止人生經驗完全不同的未來上。其次，生養兒女的過程，（也和婚姻一樣）完全不同於你的人生經歷，令你對性愛自由方面的興趣突然消失，為的只是要有個孩子。

　　但未來主義，要是涉及複製與生殖，就不能只是低溫科技。所謂無限期延長生育能力，那是虛假的未來。我們該有的未來，是真正能與家庭和性愛自由完全調和的未來，要更能夠支持單親，不僅是物質上，也包括觀念上。這樣的未來主義中，婚姻與嬰兒不必有關聯，生育或照顧孩子不再以性別來區分責任，確保孩子具有來自男女兩性的影響。此外，職場與工作時刻表應更能與照顧孩子相容，從法規上確立在婚姻框架之外共同擔負撫養責任。這種實驗其實已出現：美國的新生嬰兒，有百分之四十出自未婚雙親。發生這種情況，是因為大多數人把性生活跟婚姻區隔了──但此一主題的思考尚待

醞釀。有人引述研究報告，談起雙親家庭共同撫養孩子的好處，往往像是為了鼓吹婚姻而生的論述，而不是為了有助於婚姻關係之外的撫養經驗。而且這也顯示，很多女性雖是未婚，對單親狀態所將面臨的困難也抱持務實心態，但她們決定不生小孩這樣的「選擇」其實出於無奈和不得已。

就個人觀點而言，我自己生養小孩（用的是來自朋友或陌生人所捐的精子）所將面臨的犧牲，足以壓垮我要小孩的意願。我或許會想這樣做：我愛這個男人，關心他，但不跟他結婚，若他也想要小孩，處理好從出生開始的撫養權安排（亦即離婚人士和從來沒結婚的人幾十年來一直在經歷的磨練），或許第一年我們都心甘情願住在一起，其後，雙方同意共同撫養小孩長大，而不必繼續承諾彼此間的愛情。

或者，我根本不要小孩。心性上的虔誠多半與對於家庭的期望或想像有關，但大部分宗教都容許個人依其性意識的行為或操守而宣示自己的天職。譬如婚姻便是其中之一，是身處人世間的一種方式，同時，我們也有隱士、修道士、苦行者和修女。傳統上，禁慾生活都列為此類身份的清規，或為嚴格的內省，或孤身獨立的生活，一種同樣嚴格的誓言，以其一生奉獻予世人或服務社區。他們這些都是家庭以外的身份，普受社會尊崇，因為社會有共同認知，他們不同於忙著養家活口撫育後

代的一般世俗之人，他們身處廣大得多的社會互動網絡。
如今出現的新族群，或許也處於類似地位，不同於有家
室的人，而這種地位之確立並非出於禁慾，而是節育。
這不也算是一種天職嗎？

性
／
愛
未
來
式

未來性意識
FUTURE SEX

　　五年過去了，我的人生沒什麼結構上的變化，但我變了。如今我了解我在性體驗上的紋理。也看到了它建構上的脈絡，及其迷思中詭異的本質。我終於明白，性意識其實跟你真正經歷的性行為關聯不大。異性戀女子為了找男朋友，而與她在網路上認識的人來往，在行為上，其實無異於同性戀男子公開宣稱想打一次不必負責的砲。男人對妻子不忠，在行為上，其實無異於多重伴侶關係支持者跟其他人睡覺。在性意識上造成差別的不是性行為本身，而是觀念構成，以及意向之表達。未來世界的性事，不會是前所未見的新形態，而是我們看待它的視角將會有所不同。

　　我越來越明白，一切傳統敘事方式對於我如何認識這世界、如何立身於這世界有多大的影響。尤其去了某些地方，人與人之間仍舊依循老派的秩序規範，寒暄問的是「妳結婚了嗎」或「有沒有小孩」。要是能跟對方說「是」我會更開心嗎？我不知道。我喜歡我的人生，

但我也喜歡能夠很自在跟人家聊聊我家的柴米油鹽，喜歡世人對我完全接受。

　　若說我要以自由之愛為原則來釐清性意識的條理，有時候聽起來似乎毫無意義。我也不知道：表白信念，或宣示目標，能否在人生經驗上發生作用。我宣告自己是「性自由」並不能讓我免於拘謹之苦，就像渴望墜入愛河並不能證明愛情的實質。即使人生目標設定為廣泛的、開放式的砲友關係，人生還是會被緊繃的單一伴侶觀念所牽致。我還是得尊重床伴的喜好，我不能以宣告自由去壓制感受。不過我知道，把性自由視為理想，讓我對自己人生的敘事方式更能符合這些年來的抉擇，讓我的過去和未來維持延續，為我曾視為挫折或悔恨的人生經驗賦予意義。若是沒有這麼一番宣告，我們過的人生是雙重標準，我們可以談女人做瑜伽達到高潮，卻仍舊堅信節制就是高貴。我們要性別平等，卻要男人付燭光晚餐的錢。我們要小孩，卻認為必須結婚才能生養。這些矛盾的結果就是口是心非。此外，性愛結果之所謂好壞，根本無關乎性愛本身，而是這種性愛會把我們發配到社會秩序裏的哪一階。我也曾不喜歡我的自由，因為我不想看到自己降落在正常階級之外。

　　我喜歡通過世人認可的途徑獲得成功：好成績，上了知名大學。我也曾體驗過遵守規則的滿足感，而且，如果我表現得不是刻意單身，或談話中表現得只是在等待

（其實已經等了那麼多年）白馬王子出現，則較易獲得家族親人首肯。旁人很容易把我的情況看成只是運氣不好，而不是因任性，或因不肯尋求終身伴侶關係以至落到這地步。何況，說不定有些人根本認為明明就是沒人要我卻老想自圓其說，或覺得我就是蠢，而且一定飽受教訓，老是搞不懂追求性自由在情感上可致毀滅性的後果。我越來越不重視這些看法了，起碼，就我的抗拒態度而言，我的確已汲取了有力的教訓，其實此類示意多半來自愛你的人、親朋好友，對你或明或暗、或冷或熱的意見，而非體制強加於你。

有些人還是繼續信守婚姻體制及其承擔。但我希望，不要把已進入婚姻關係的伴侶關係視為絕對的終點，而是要成為更適當的基礎（或許是制度化的基礎）以利共同生活，譬如：撫養小孩或藝術創作。如今，開放式婚姻已可洗除污名，適應與學習，能讓人更妥善處理多重伴侶關係中的感情經營，自由之愛將有更多廣為人知的經驗，更多可以引為改善的依據。婚姻「失敗」亦可不再視為個人的缺失。

我也終於弄明白自己：我什麼都要，但我最想要的是處於一個性身份範疇更開闊的世界裏。我希望，單一的性模式繼續腐蝕磨損下去，就像過去五十年來那樣，也希望腐蝕速度加快。

我在舊金山只待了幾個月，這城市集中了太多的象徵符號，尤其特別多混合電腦與性別多樣化這兩者的「後一九六〇年代」色彩。舊金山就像迪士尼樂園艾波卡特中心，是個「明日之城」的實驗原型，不斷有各種奇異古怪的挑逗，遙向性意識實驗致意。來過舊金山一趟，走的時候就可以帶走一整箱五花八門的性觀念、性選項、性材料。

　　我第一次到舊金山是二〇一二年，並未久留。幾年後重返，舊金山感覺不一樣。沒人穿 Google 圖案的 T 恤了，抗議隊伍會向載送員工去半島的巴士丟石頭。這城市正在改變，卸下了過去的派頭。海特街上的癮君子店和二手舊貨店窗口仍然掛著和平標誌，但市容越來越時髦，物價高了，景觀也越來越統一。

　　這次來訪我住在教會區的一間公寓，屋主是電腦程式設計師，我們二〇一二年在 OkCupid 交友網站上認識，現在我們是朋友，他說他到東岸去為一個新職受訓，我可以住他的住所。他走前某日下午，我們一起漫步在市內，走到多洛瑞思公園（Dolores Park）。此時正值加州歷史上最長的乾旱期，我給太陽曬得眼花繚亂。朋友從路旁小貨車食攤買來素食越南三明治，我們坐草坪上，享受溫暖的一月陽光；旁邊是個女士，穿著涼鞋，涼鞋裏穿了襪子，披著五彩繽紛的圍巾。我們看著她迎向一個類似打扮的男士，他們彼此敬禮，敬禮的方式讓我跟

我朋友忍不住互相使了個眼色。

朋友說：「這下子有人要扯一些不真不實的話了。」朋友是真下過了工夫，想找到紅茶菇（kombucha）所說的藥效有何醫學根據（查證結果是：很少）。他對身邊常見的、顯然毫無根據的各種千奇百怪頗表不屑。

我們搭上巴士去了金門公園，走到嬉皮小丘（Hippie Hill）抽了大麻。我們面前有一小群超級「龐克」打扮的人在野餐毯上打瞌睡，狀甚平和，還拉著繫帶，繫了一隻柔軟光滑的虎斑貓。小貓一直盯著樹林，像是始終保持警戒狀態。有個女龐克，細髮辮用圍巾裹住，起身玩呼啦圈，舞姿離離落落。但若是拿掉了超級龐克的所有符號（柔軟光滑的貓狗，呼啦圈），難道他們就只是一般流浪漢？超級龐克與患有精神疾病者或是癮君子的差別，就只是政治主張嗎？這些問題的本質都一樣，亦即宣示目的能否保護你，令你免於失敗。陽光照進我們的眼睛，附近有一小圈鼓手，發出低沉單調的嗡嗡聲，我聽了頭暈。還有個踩直排輪的向我們推銷玻璃菸斗。朋友就發起牢騷：難道公園裏玩直排輪的都在賣東西？於是我們起身，去了阿米巴唱片行（Amoeba Records）。

回去的巴士上，有個皮膚近似褐色皮革質地的長髮男人吼了起來。他吼他身邊每一個人，數落著手機是多麼邪惡：「你們可知道那裏面的金屬是哪來的？」又瞪著

2
4
5

未來性意識

一個持手機的女郎：「妳沒聽過什麼叫做上帝的復仇？」還說我們是低能，接著咆哮道，手機將引發戰爭。此外，他把深如地獄的礦坑詳細講給我們聽，還解說了什麼叫稀土。隨後他向他吼叫過的女郎調情，似乎想跟她約會。到了最後，他憤怒宣布：「我是紐西蘭來的。」就下車了。他的口音跟我們其實沒什麼差別，我朋友說：「鬧得好像沒人聽過什麼叫紐西蘭似的。」

朋友去了東岸之後我很盡責，給他的竹子每星期澆水兩次，多肉植物每星期一次。我小心翼翼清洗了水龍頭下方那些附生植物，做了所有我喜歡的，符合加州風味的事情：喝了很貴的卡布奇諾，吃了便宜的墨西哥捲餅，聽了屋主仔細歸檔收藏的家居音樂。他大部分唱片都是沒什麼旋律的音樂，配著合成的節奏唱德語或法語。我想起他曾經給我看過抽屜裏面的小罐子，放了幾顆錫紙包的 Altoids 薄荷糖，他說過，喜歡的話就吃吃看。

有一天，週四大約中午，我吃了一顆，躺在床上看著眼前的白牆上出現的圖案，感受著穿透窗戶的陽光如何鑽過繁茂的植物輕撫我眼簾。我又吃了一片餅乾，在筆記本上寫下：「『後餅乾時刻』的平靜，這是我已知卻從來沒真正面對的。」然後我又添了幾句很有用的話：「感受著，有個小孩把我引到沙池，把我丟在那裏。接著我玩起好沉重的沙。」還有「腦袋還是空白，像單車那樣，在空的賽車場裏面一直轉，繞著往日的種種記憶與掛念，

一直轉。」

　　有那麼好幾個小時，我走路去了多洛瑞思公園，坐到豐盈的草丘上，從第八街往下走，經過一輛輛電車，與在塔爾堤麵包店外面吃油酥麵糰的、在德爾菲娜餐廳外面吃披薩的遊客擦肩而過，結果又坐回到公園裏的草地上。我看著自己手機，只是想讓別人覺得我沒什麼不正常。此時，一小隊女人從後方飛掠過我身邊，跑步下坡，隊形整齊，穿了極短褲和相襯的筒形上衣，從背在背後火箭推進器形狀的容器裏向正在野餐的人分發紅牛飲料。我回到公寓住處，渴望有個貨真價實的圓頂空間，盛大舉行燈光表演逗我開心。我不想要細究自己內心，我只覺得煩，靜不下來。此時已過了十個鐘頭，我覺得四肢行動大致正常了，便出門去買了冰淇淋吃。

　　待在舊金山的最後一天，我用 Google 標出往門洛公園（Menlo Park）的路線，約了一個任職於 Facebook 的朋友共進午餐。坐大眾運輸系統的話，去 Facebook 大概要兩小時。先得搭 BART 捷運，接著轉坐鏗鏘作響的紅色雙層加州鐵路（CalTrain）火車。我建議你坐上層，飽覽皇家大道（El Camino Real）路線猶如史前年代的風光，沿途享受吹進車廂來的熱空氣，下車後，在車站有巴士可以搭到 Facebook 總部。途中，巴士也停在退伍軍人醫院，沒錯，我想就是這個門洛公園退伍軍人醫院，小說家肯・凱西 Ken Kesey 第一次試嘗迷幻藥之地。然而，看起來不

未來性意識

可能，這裏怎會有文化意涵的根源？怎會在如此荒廢之地發酵？但它就在這裏，而且幾哩路之內就令你豁然開朗：「人民電腦公司」（People's Computer Company），創意寫作課程研究生嗑迷幻藥的所在地便士街★（Perry Lane），反文化雜誌《全球目錄》的編輯部等等，所有這些跟當年一樣不應該有的，竟然見於今天的門洛公園。正如紐約市格林威治村今天只見墨西哥辣椒、果汁時代這一類的跨國連鎖店，再無往日的波西米亞氣息。下車後，我走路經過一處長條形商城，其中有盒子裏的傑克餐廳和星巴克。突然，人行道就消失了，變成沙徑，就在交通繁密六線道的路肩上，另一邊是建築工地。路徑終點是一個巨型拇指向上比的建物，這就是 Facebook 公司的入口。前方是那種郊區才見得到的，完全處於烈陽籠罩之下，設置繁複又無人使用的人行道交叉口。我已經遲到了，很焦慮地猛按柱子上的按鈕，催著行人燈號早些亮起，我要趕往另一頭的巨型拇指。唉，早該租車的，人家自有各種 app 程式幫你處理這類情況。

　　我在「駭客道」（Hacker Way）上進入 Facebook 公司大門。外界混凝土的雜音被吸收到沉軟厚重的瀝青裏面。此刻是正午，四周的停車場把公司圍成了城，眼前只有車海，不見人影。電動汽車充電器隱約傳來低沉的嗡鳴聲，城內又有城，其中一個要你按指紋，在一面發光的平板電腦上簽署保密同意書，旁邊有糖果碗，碗內有所剩無多的 Hi-Chew 軟糖；再來是一幅平面電視，映

出容光煥發的 Facebook 創辦人馬克‧祖伯克站著演講，但聲音是關掉的。然後我終於跟朋友同處一室，這儼然是主題公園內部的小村莊格調，卻附帶刻意營造的都會風情。在打印部門，牆上掛了 Facebook 開天闢地以來的一張張宣傳圖片。當年人手印出來的海報仍色彩鮮亮，口號文字則是：「到頭來天下萬物都會連結到一起」，「自信自重把我們連結起來」，「我們這是應社會之需而建立的系統」，「如果這辦法有效，就是快過時啦。」還有一句話，是用紅綠燈顏色強調的：「放慢步調，先搞定你自己那些垃圾。」

一九七二年斯圖爾特‧布蘭特在《滾石》雜誌上寫過史丹佛的人工智慧實驗室，提到：放了很多豆豆椅的房間，鬍鬚與長髮，反越戰、反尼克森的海報，以及用《魔戒》費諾字體寫成的標語口號。他說：駭客是「聰明絕頂的人物，駕馭著自己的飛行器，探測科技尖端那一塊奇怪的弱點，他們也探索無法無天之地，而這裏的規條不是政令規定或陳腔濫調，而是由『能不能做得出什麼』來決定」。聽起來倒像是 Facebook 竭力自我打氣，以維持繼續存活。

午餐吃了有肉餡的南瓜、藜麥、綠色果汁，還一杯墨西哥木瓜果汁水（agua fresca）。道別後，又進入煉獄陽光之下，轟鳴車流之旁。但這一次夾著一筒捲起來狀甚狼狽的海報，上面印的口號是「在 Facebook 沒有別人

的問題」（就是你的問題）。還有一個領章，扣在我的大手提袋上，附帶了一個問句：「連結，不是人權嗎？」我站在又肥又圓的酷旱太陽下等巴士，因為太熱了，所以乾脆過街，躲進盒子裏的傑克餐廳的陰影叫了計程車。

科幻小說的妙處，在於作者永遠不必構建、不必解釋人類如何達到那樣的未來。未來，反正是既成事實。至於社會如何艱難，如何接納新來的社會結構，反正不必解釋。就今天我們所處的高度和優勢而言，難免這麼想：未來就是如《摩登原始人》完全一樣的家庭生活，不過所有勞務都外包給機器人、智能程式。但過去五十年來的社會運動已經宣示了：那種未來的想像已經過時了——話說回來，《摩登原始人》起碼是雙薪家庭。

我們常見世人提出種種理念或宣言，到頭來薄紗一掀往往只是推銷的噱頭。成年之後的歲月，大部分都在找比這真實些的。這吉光片羽我只見過五、六次，有時候是某一次某個朋友群體之間曇花一現，也曾嗑藥的時候見到過，或處於狂野狀態中感受過，或偶爾在寫作中隱隱約約浮現於字裡行間。我想找到更高的人生原則，高於只是「知足」，我想探索情感經驗，但不是手機廣告上一幫愉快年輕人那種燦爛的笑容，即使鑽研深入的過程難免醜陋或臭不可聞，即使感染性病，或甚至必須撩起衣服在網路上刺激某個男人射精。這些年來我在男女性愛範疇內其實已無特殊的心願，我想記錄自由之愛

的樣貌，我的動機一部分是想反映——在可以買賣的快樂與消費主義之外——當今生活方式的真實共同經驗。

　　美國人很重視物質文明的未來，對人性及其行為的未來卻興趣缺缺。美國歷史上性意識的先鋒是一長串的名單，有些遭人恥笑，有些坐牢，有些遭人暴力對待。所以，我們雖然看到了當今電信傳播各種精巧的設計與方便——這是可以討好大多數人的未來主義，是容易賺錢的未來主義——但對於科技派人士的傲慢只覺厭煩。新科技造成的裂解作用與「駭客」行為，早先乍聞之下我們完全無法理解究竟將是什麼作用，如今從手機廣告卻足以激發疑慮與惶恐。

　　性意識的體驗，是讓肉身去探索，找感覺，往遠處的一個點為目標前進。我們一直跟隨肉身，進入動態更頻繁的未來，我們想找到可以遵循的直覺或慣性，但任何人一生中所能涵蓋的人數畢竟極有限。何況，數據終究只是數據，飛行機器只是鈳鉭鐵礦（Coltan）與鋼鐵的屍體所造的產物。「未來」終將是令人困惑的文化，說不清楚也難於理解。

★ 美國小說家肯‧凱西大學時期流連之地。

致 謝
ACKNOWLEDGMENTS

下列諸位對本書撰寫多所協助，本書作者謹此致謝……

Mitzi Angel, Edward Orloff , Lorin Stein, Keith Gessen, Christian Lorentzen, Mark Lotto, Yaddo, the MacDowell Colony, the Millay Center for the Arts, Lawrence Wilson and Rebekah Werth, Anna Lai, Tobias Bürger, Torsten Bender, Les and Ellen Hersh, Tao Lin, Jessica Wurst, Emily Brochin, the Power Broker Book Club, Chris Mancuso, and Stephen, Leonard, and Diana Witt.

生活文化 049

性/愛未來式：一個單身女子的網路情慾探索

作　　者—艾蜜莉・薇特(Emily Witt)
譯　　者—陳國禎
主　　編—湯宗勳
特約編輯—張唯
美術設計—陳恩安
董 事 長—趙政岷
總 經 理
出 版 者—時報文化出版企業股份有限公司
　　　　　10803台北市和平西路三段二四〇號七樓
　　　　　發行專線—(〇二)二三〇六六八四二
　　　　　讀者服務專線—〇八〇〇二三一七〇五
　　　　　　　　　　　(〇二)二三〇四七一〇三
　　　　　讀者服務傳真—(〇二)二三〇四六八五八
　　　　　郵撥—一九三四四七二四時報文化出版公司
　　　　　信箱—臺北郵政七九～九九信箱
　　　　　時報悅讀網—http://www.readingtimes.com.tw
　　　　　電子郵箱—history@readingtimes.com.tw
　　　　　法律顧問—理律法律事務所陳長文律師、李念祖律師
　　　　　印　　刷—盈昌印刷有限公司
　　　　　初版一刷—二〇一七年六月三十日
　　　　　定價—新臺幣三二〇元
　　　　　(缺頁或破損的書，請寄回更換)

國家圖書館出版品預行編目資料

性/愛未來式：一個單身女子的網路情慾探索/ 艾蜜
莉・薇特(Emily Witt)作；陳國禎譯. --一版. --臺北
市：時報文化, 2017.06
面；公分. --(生活文化；049)

ISBN 978-957-13-7024-8（平裝）

1.性關係 2.性行為 3.次文化 4.美國

544.7　　　　　　　　　　　　　　106007548

ISBN：978-957-13-7024-8
Printed in Taiwan